Managerial Coaching Theory

管理職コーチング論

上司と部下の幸せな関係づくりのために

永田正樹
NAGATA Masaki

東京大学出版会

Managerial Coaching Theory
NAGATA Masaki
University of Tokyo Press, 2024
ISBN 978-4-13-040320-7

管理職コーチング論──上司と部下の幸せな関係づくりのために　目次

ii 目次

はじめに：上司と部下の幸せな関係づくりのために　　v

序　章　管理職コーチング研究の課題と枠組み ……………………………… 1

0.1　問題意識　1

0.2　研究の枠組み　6

0.3　本書の構成　9

0.4　想定する読者　12

0.5　小括　13

第 I 部　管理職コーチング、経験学習・リフレクションに関する先行研究

第 1 章　管理職コーチングに関する先行研究 ……………………………… 17

1.1　コーチングとは　17

1.2　管理職コーチング研究の全体像　20

1.3　管理職コーチングの定義　23

1.4　管理職コーチングのプロセス　28

1.5　管理職コーチングの先行要因　40

1.6　管理職コーチングの成果要因　44

1.7　管理職コーチングの媒介要因　54

1.8　管理職コーチングの調整要因　59

1.9　小括　61

第 2 章　経験学習・リフレクションに関する理論 …………………………… 65

2.1　デューイの経験理論　65

2.2　行為の中の内省　67

2.3　クリティカル・リフレクション　68

2.4　コルブの経験学習理論　70

2.5　ギブスのリフレクティブサイクル・モデル　73

2.6　ALACT モデル　76

2.7　3 つのモデルの比較　78

2.8　経験学習・リフレクション研究の課題　79

2.9　リサーチ・クエスチョン　81

2.10　小括　82

補論　82

目次　iii

第 II 部　経験学習・リフレクション支援に関する分析

第 3 章　経験学習・リフレクション支援の成功事例・失敗事例：定性分析 1 ⋯⋯⋯ 95
3.1　研究方法　95
3.2　分析結果　97
3.3　経験学習・リフレクション支援における成功・失敗事例　98
3.4　経験学習・リフレクション支援における成功・失敗事例のまとめ　103
3.5　小括　105

第 4 章　部下育成能力の高いマネジャーの育成行動：定性分析 2 ⋯⋯⋯⋯⋯⋯ 107
4.1　研究方法　107
4.2　分析結果　110
4.3　結果の概要とストーリーライン　110
4.4　経験学習・リフレクション支援の具体例　113
4.5　小括　127
4.6　定性分析 1 と定性分析 2 の比較　128

第 5 章　管理職コーチングの効果：定量分析 1 ⋯⋯⋯⋯⋯⋯⋯⋯⋯⋯⋯⋯ 131
5.1　4 つの心理的状態の選択理由　132
5.2　管理職コーチングと部下の心理的状態　134
5.3　管理職コーチング行動の尺度の開発　139
5.4　研究の方法　140
5.5　調査項目　142
5.6　分析結果　145
5.7　結果（発見事実）　149
5.8　小括　151

第 6 章　部下の性別による管理職コーチングの効果の違い：定量分析 2 ⋯⋯⋯ 153
6.1　先行研究　153
6.2　研究方法　155
6.3　調査項目　156
6.4　結果　157
6.5　発見事実　159
6.6　小括　160

第7章　結論：成果を生み出す管理職コーチング ······························· 163

7.1　発見事実の整理　164

7.2　理論的インプリケーション　169

7.3　実践的インプリケーション　173

7.4　本研究の限界と今後の課題　180

おわりに　183

参考文献　187

資料　205

索引　207

はじめに：上司と部下の幸せな関係づくりのために

　東福寺という寺をご存知だろうか。京都市東山区にある臨済宗の寺である。紅葉の季節には多くの観光客が訪れ、騒々しいが、初夏にはそれほど観光客もおらず、静謐な雰囲気が漂っていたと記憶している。今から、二十数年前の出来事である。その日は、午前中に京都の企業の人事担当者と打ち合わせがあった。午後からは予定がなかったので、東京にある勤務先に帰社するのが通常である。しかし、私は東福寺を訪れ、寺の縁側に座り、頭を空っぽにしようと努力しつつ、午後いっぱい時間を費やした。別に仕事をサボりたかったわけではない。当時、私は部下との関係がうまくいかず悩んでいた。会社にいると、誰かが私のことを批判しているような気がして、まさに針の筵のような気分だった。つまり、会社に帰りたくなかったのだ。現在、部下育成に関する研究に取り組んでいる私は、実は部下のマネジメントが甚だ拙かったのである。

　当時の私を思い起こしてみると、「優秀さの罠」に嵌っていた。日本企業の昇進システムでは、多くの場合、目立つ業績を上げた従業員が昇進する。つまり会社に優秀と認められたわけだが、そこに罠が潜む。「優秀さの罠」とは、私の勝手な定義によると、実績を上げ昇進したマネジャー（管理職）が、部下の手を借りずに、手っ取り早く、自分で全てをやってしまい業績を上げようとすることである。「優秀さの罠」は次のようなステップで進む。「マネジャーに任命され張り切る」→「チームで成果を出したい」→「自分が全部できてしまう（と思い込んでいる）」→「部下が成長するまで待てない」→「成果を出すために自分でやってしまう」→「部下が仕事経験を積めない」→「部下が育たない」→「部下が成果を出せない」→「チームの成果が出ない」。そして、部署としてのパフォーマンスはいつまでたっても上がらない。

　当時の私は、部下からの質問やチームの中で起こる出来事全てに自分で答えを出そうとしていたように思う。また、部下が担当する仕事に全て首を突っ込み、私の指示のもとで、仕事をやらせようとしていた。それがマネジャーの役割だと思っていたからだ。そうすると、部下たちは自分が進めている仕事の答えを、マネジャーの頭の中から探すようになる。つまり、部下たちは自分の頭を使って自律的に答えを探そうとせず、マネジャーの頭の中の答えを探すこと

が習慣化するのだ。

　米国の心理学者であるデシとライアン（Deci, & Ryan, 2008）は、自発的に物事を決め、自分の意志で行動を起こすこと、つまり、自律性が人の内発的動機づけを促進すると述べている。人は自律的に仕事をやり切り、達成感を感じたときにはじめて有能感をおぼえ、自分の仕事に満足するのである。つまり、私は部下から、仕事に対する達成感や満足度、仕事の面白さを奪っていたのだ。後日、当時の部下のひとりにいわれた「永田さんは、なぜ、私たちのことを信頼してくれないのだろうと思っていました」という言葉には愕然とした。信頼されていないと思っている部下が、マネジャーのことを信頼するはずもない。こうして、当時の私と部下たちの関係は悪くなっていったし、部署としてのパフォーマンスは上がらなくなった。上司と部下の不幸な関係はこのようにして始まったのだ。

　そんなとき、私はあるワークショップに参加する。そのワークショップは私のようなビジネスパーソンばかりではなく、教師や医療従事者、役者、アーティストなど様々な参加者が集まるワークショップであり、フラットな立場で、多様な働き方をしている若い参加者と議論を交わす場が多くあった。その中で私は、素晴らしい意見を出す若い参加者に圧倒され、自分の部下たちと同じ年代の人材の優秀さに驚き、自分のマネジメントスタイルに疑問を感じはじめた。

　経営学者の松本雄一は、職場でも家庭でもない、第3の居場所としての「実践共同体（学びのコミュニティ）」が、個人の成長にとって大切な働きをしていることを指摘している。私が出席したワークショップは、まさしく私にとって学びのコミュニティとなっていたのだろう。

　同時期に、私は別のワークショップに参加した。ワークショップでは、参加者が5人1組になり、「現状の職場の姿」と「1年後のありたい職場の姿」について対話するワークが課せられた。そのワークの中で私は、「現状の職場の姿」として、予算目標と上司に押しつぶされそうな自分の姿を語る。そして「1年後のありたい職場の姿」として、職場のメンバーとともに高い山を登っている自分の姿を語る。自分のストーリーをチーム内でシェアした後、質問タイムが設けられていた。その中で他の参加者に、「なぜ、現状の職場の話の中に部下が出てこないのですか」と問いかけられる。私はその瞬間に気づく。もしかしたら私は職場の優秀な部下を活かしきれず、なんでも自分でやってしま

おうと思っているのではないだろうか。権限を振りかざして自分の考えを押しつけてばかりいたのではないだろうか。私は、「優秀さの罠」に嵌っている自分の姿を問い直し、吟味し、部下との接し方が間違っていることにようやく気づくのである。

　このような失敗経験（他にもたくさんの失敗経験がある）が私を、部下育成および管理職コーチングの世界に導く。そして、上司と部下の間に起こりがちな、私のような行き違いを予防するワクチンのようなものを提供できないかと考えるきっかけとなった。そのようなワクチンを提供できれば、上司と部下の不幸な関係を予防できるのではないかと考えたのである。そんな思いが、私を部下育成に関するアセスメントや研修プログラムの開発に取り組ませ、最終的には、管理職コーチング研究の道に進ませる契機となった。

　ここで、現在の組織の現場に視点を移してみると、上司と部下の幸せな関係をつくりにくい世の中となっているように思う。労働環境が複雑化し、マネジャーには多くのことが求められるようになっている。今までは何かあれば飲みに行ってある程度のコミュニケーションが取れた。しかし、今は、ハラスメントになる可能性があるので怖くて飲みにも誘えない。また、コロナ禍以降、業種による違いはあるがテレワークが定着し、上司と部下が対話する機会は減少傾向にある。メンタルヘルス問題の増加もマネジャーの頭を悩ませている。さらに、仕事をやればやるほど成果が出た時代が終焉し、守りながらも攻めるマネジメントが求められている。その中で、多くのマネジャーはプレイングマネジャーとして、プレイヤーとしての役割も求められる。成熟したマーケットの中、マネジャーの多忙感は強く、時間がないため部下を育てられないという焦りと諦めが蔓延している。このようにマネジャーは、多くの役割を求められ、心に余裕がない。そんなマネジャーの姿を見て、マネジャーに昇進することに二の足を踏む若手従業員や女性従業員も多いように思う[1]。

　そんな多忙なマネジャーが部下と幸せな関係をつくるためのヒントを提供することにより、部下育成に関わる労力を軽減することが、マネジャーの心的余裕の確保につながるのではないか。これが本書を執筆するきっかけである。

　本書の目的は、部下育成能力の高いマネジャーの管理職コーチング行動の分析を通して、マネジャーが部下を育成するためのメカニズムを明らかにすることである。本書により、管理職コーチングや経験学習・リフレクションに興味

を抱く研究者、研究を志す方々に、そして心の余裕をなくし部下育成に悩むビジネスパーソンの方々に、何らかの貢献ができれば幸いである。

注

(1) 堀尾・中原（2024）は、マネジャーを取り巻く変化を、①複雑化、②少数化、③多様化、④分散化、⑤多忙化という5つのキーワードで説明している。複雑化とは、前例踏襲では対応できない課題や仕事が増え、管理職が持つ知識、スキル、経験を頼りにすることが難しくなっていることである。少数化とは、進行していく人手不足に備えるために、抜本的な業務プロセスの見直しが必要になっていることである。多様化とは、以前と比べ、「中途採用」「外国人」「女性」など、多様なバックグラウンドを持つ従業員が増え、各々の状況に合わせたマネジメントが必要になっていることである。分散化とは、テレワークの普及がもたらした働く場所の分散のことである。多忙化とは、プレイヤーと管理職の兼務や、チームや部署のマネジャーの兼務を余儀なくされているなど、管理職の多忙化が深刻になっていることである。

序 章　管理職コーチング研究の課題と枠組み

0.1　問題意識

0.1.1　部下育成の探索

　筆者は、研究の過程で、部下育成能力の高い多くのマネジャーのインタビューを手掛けてきた。彼らの語りを一部紹介しよう。

　　「私の個人的な思いかもしれませんが、経験したことは忘れないというか、印象に残っている部分が多いです。それを実行して、色々な人に意見をいわれたり、色々な人にお願いしたり、ひとつのことを進めるにあたってすごいエネルギーを使った経験を、若手、これからの世代に対してしっかり刻んでいってもらえるようなことは、実体験でしか得られないかなと思っています」

　　「メンバーの方にはですね、色々な活動に積極的に取り組んでほしいと思っています。経験していくことで、判断力も備わってきます。結果が成功体験であったり、失敗体験になることもあるかもしれません。どちらであったとしても、そこから何を得て、次に何を活かしていくのかとか、次の次の機会にどう活かすのか、というところが大事なのかなと。そういうことをすることがマネジメントの基本にあるのではないかと思っています」

　これらは、いずれも組織で働くマネジャーの持論である。もちろん彼らは、経験学習という概念を知らない。にもかかわらずこのようなコメントが出てくるのである。上司と部下の関係には、多くの持論が宇宙で輝く星のように散らばっている。これらの持論の類似性と相違点を、絶え間なく比較することによ

2 序　章　管理職コーチング研究の課題と枠組み

り、部下育成という上司と部下の相互作用に生じる一連の現象を探索するプロセスを記したのが本書である。

　以下に、筆者の学術的問題意識を述べたい。

0.1.2　OJT の機能不全

　企業における人的資源のマネジメントは、正社員を採用・育成し、雇用を内部化する「Make」と、市場に人材をアウトソーシングすることで雇用を外部化する「Buy」に分けることができるが、人的資源の価値が高く独自性があるコア人材に対しては、組織内部で育成し、長期的に雇用する「知識ベースの雇用（knowledge-based employment）」を選択することが合理的である（Lepak, & Snell, 1999, 2002）。同様に、平野（2009）も、人的資源の特殊性が増すほど、また業務の不確実性が高くなるほど、「長期雇用で内部育成する正規社員」の必要性が高まると述べている。すなわち、人材ポートフォリオにおいて、コア人材は、組織内部で育成することが重要だといえる。

　これまでの研究によれば、競争的な環境において人材マネジメントが成功する鍵は、職場における訓練によって人材の潜在能力を活用することにある（Ahadi, & Jacobs, 2017）。この点について守島（2010）も、人材マネジメント機能の大部分が生じる「職場における人材管理」が、有効な人的資源管理を構築する上で重要になると主張しており、多くの企業においても、職場における教育訓練（OJT: On-the-Job Training）が生産性を高めることが認識されている（労働政策研究・研修機構, 2017）。

　しかし近年、新規大卒就職者の約 3 割が、就職後 3 年以内に離職する傾向が続いており（厚生労働省, 2019）、組織内部で育成すべきコア人材が定着しておらず、OJT の効果が上がっていないといわれている（石川, 2008）。これに加え、マネジャーに不足している能力として、「部下の育成力」をあげる企業は多く、マネジャーの部下育成能力をいかに高めるかが企業における課題となっている（労働政策研究・研修機構, 2018）。さらに、バブル経済の崩壊以降の、組織構造のフラット化、成果主義の導入、業務の IT 化により、職場における人材育成機能が低下し、OJT を通じての「学びの連鎖」の断絶が指摘されている（加登, 2008; 中原, 2012a）。こうした状況から、日本企業における部下育成機能の向上

は重要な課題であるといえる。

　部下育成能力が低下した要因として、環境変化のスピードが速く、業務が複雑化、高度化したことにより、時間をかけて育成する従来型のOJTが機能しなくなった点があげられる（博報堂大学（編）, 2014; 本間, 2017; 豊田, 2015）。この点に関して、石山（2020）は、戦略的なタレントマネジメントを導入し、選抜された人材を、短期集中的に育成すべきであると述べているが、そのためには、これまで暗黙知化されてきたマネジャーによる部下育成のスキルを明示化する必要がある。また、尾形（2020）は、若年就業者の早期離職率が高い中、若年ホワイトカラーを組織に適応させてコア人材に育てるためには、現場のマネジャーの育成力を高めることが重要であると述べている。

0.1.3　マネジャーに求められるコーチング力

　従来型のOJTが機能しなくなった現在、どのような部下育成方法が必要なのだろうか。先行研究において、マネジャーは、部下を統制、指示、管理するだけではなく、部下の学習を支援するために、権限を委譲し、育成する促進的リーダーシップ（facilitative leadership）を発揮することが重要であると指摘されている（Ellinger, & Ellinger, 2021）。そうした中で、部下育成のための手段として注目を集めているのが管理職コーチングである（Ellinger et al., 2003; Logenecker, & Neubert, 2005; Blackman et al., 2016）。管理職コーチングとは、職場においてマネジャーが部下の職務遂行をサポートする活動であり、部下の業績や学習を促進する効果を持つといわれている（Elmadağ et al., 2008; McCarthy, & Milner, 2020）。近年、多くの企業で実践されている「1 on 1 ミーティング」[1]も、管理職コーチングの実践の一形態と見なすことができる（中原, 2021）。特に、環境変化が激しい多くの企業や組織において、自己主導型の学習を促すコーチの役割は大きく（Hunt, & Weintraub, 2017）、ハムリンら（Hamlin et al., 2006）によると、コーチングは、ほとんどのマネジャーにとって必須スキルであり、日々のマネジメントに取り込むことが求められる活動である。

4　序　章　管理職コーチング研究の課題と枠組み

0.1.4　理論的な検討が遅れているコーチング研究

　しかし、管理職コーチング研究は、実務的な志向が強いため理論的な検討が遅れており、コーチング行動の内容や、コーチング行動が成果につながるメカニズムについて合意が得られていない（Dahling et al., 2016; 松田・石川, 2018）。これまで、パスゴール理論（Kim, 2014）、LMX 理論（Anderson, 2013）、目標設定理論（Dahling et al., 2016）の観点から管理職コーチングが検討されているものの、どのようなメカニズムで部下の学習を促しているかに関する学習理論が考慮されていない。管理職コーチングが、部下の成長をサポートするための手段であることを考えると、学習プロセスの観点からの分析が欠かせない。この点を踏まえ管理職コーチングを学習理論の観点から発展させるためにも、成人学習の基本理論である、経験学習の視点を組み込む必要があると考えられる。

0.1.5　マネジャーによる経験学習支援

　環境変化のスピードに対応するためには、個人が自律的に経験から学ぶことが必要である（本間, 2017; Matsuo, 2015; McCall, 1998）。企業における人材の成長の 7 割は「仕事上の経験」によって決まるといわれている（Lombardo, & Eichinger, 2010）[2]。経験から学ぶためのモデルとして、成人学習の分野において、最も影響力があり、広く受け入れられているのがコルブ（Kolb, 1984）の経験学習モデルであり（Kayes, 2002; Kisfalvi, & Oliver; 2015; Tomkins, & Ulus, 2016; Yamazaki, & Kayes, 2004）、HRD（人的資源開発）や、マネジメント教育の分野に大きな影響を与えている（Illeris, 2007; Ng et al., 2009; Li, & Armstrong, 2015）。例えば、HRD研究では、チャン（Chang, 2017）が、コルブ（Kolb, 1984）のモデルを拡張し、神経科学的な観点からヨウとマーコード（Yeo, & Marquardt, 2015）が、アクションラーニングと経験学習を組み合わせた統合されたフレームワークを開発している[3]。

　経験学習モデルは、「具体的経験」「内省的観察」「抽象的概念化」「積極的実験」から構成され、個人は、①具体的な経験を積み（具体的経験）、②その経験を観察・リフレクションすることを通して（内省的観察）、③抽象的な概念や理

論を形成し（抽象的概念化）、④それを将来の状況で活用することで（積極的実験）、経験から学ぶという考え方である（Kolb, 1984）。

このモデルによれば、個人が経験から学ぶためには、経験を振り返り、教訓を引き出す「リフレクション（reflection）」（内省）が欠かせない。つまり、経験学習の効果はリフレクションによって影響を受けるといえる（Moon, 2004; Heusinkveld, & Reijers, 2009; Mann et al., 2009）。学習におけるリフレクションの重要性は成人学習分野の研究者によって強調されており（e.g., Mezirow, 1990; Reynolds, 1998; Schön, 1983）、ギブス（Gibbs, 1988）やコルトハーヘンら（Korthagen et al., 2001）はコルブ（Kolb, 1984）のモデルを改定し、個人のリフレクションを詳細に示したモデルを提案している。

しかし、コルブ（Kolb, 1984）の経験学習モデルは、学習における社会的要因の重要性を考慮していないと批判されている（e.g., Kayes, 2002; 中原, 2012b）。この点に関して、コルブ（Kolb, 1984）のモデルを改定したギブス（Gibbs, 1988）やコルトハーヘンら（Korthagen et al., 2001）のモデルも、個人によるリフレクション・プロセスに焦点を当てており、他者の行動が個人のリフレクションにどのような影響を与えているのかについては十分に検討されているとはいえない。この問題に関して、職場の上位者、同僚、同期といった社会的ネットワークからの内省支援が、経験学習を促すという点が指摘されていることから（中原, 2014; Matsuo, 2015）、マネジャーが部下の経験学習をいかに支援しているかを検討する意義は大きいといえる。

0.1.6 経験学習とコーチングをつなぐ

上述したように、管理職コーチングの重要性が認識されているにもかかわらず、学習理論の観点からコーチング行動が検討されておらず、また、経験学習およびリフレクションに関するモデルにおいては、他者による経験学習やリフレクションの支援プロセスや影響が十分に解明されていない。管理職コーチングが他者による成長支援であることを考えると、管理職コーチングを経験学習の観点から検討することで、これら2つの研究分野を発展させることが期待できる。

こうした点を踏まえ、本研究はマネジャーが、経験学習およびリフレクショ

ンを支援することを通して、いかに部下を育成しているのかを検討する。本研
究によって、管理職コーチング研究を経験学習理論の観点から拡張し、他者か
らの支援という社会的視点を組み込むことで、経験学習理論およびリフレクシ
ョン理論を発展させることができると考えられる。

0.2 研究の枠組み

0.2.1 研究の問い

上述したように、管理職コーチング研究は、学習理論に基づく検討が不足し
ている。一方、経験学習理論は、社会的要因を考慮していないという課題があ
る。管理職コーチングは、どのようなメカニズムで部下の経験学習・リフレク
ションを促進しているのだろうか。また、管理職コーチングは、部下の心理的
状態にどのように影響を与えているのだろうか。このような問いを起点として、
これからの上司と部下の成長とウェルビーイングの向上のための方策について、
学習理論の観点から探索を進めていくことが本研究の狙いである。本研究の基
本的な問い（リサーチ・クエスチョン）は次のとおりである。

マネジャーは、部下の成長を促すために、どのようなプロセスによって経
験学習・リフレクションを支援し、どのような効果を与えているのか。

この問いに答えるために、本研究では図 0-1 のプロセスで検討を進める。ま
ず、本研究における「問いの設定」がどのような先行研究の探索をもとになさ
れたのかについて示す。具体的には、第 1 章において、管理職コーチング研究
について検討し、学習理論による裏づけが不足していることを示した上で、管
理職コーチング行動の中に、部下の経験学習・リフレクションを促す行動が含
まれていることを明らかにする。第 2 章では、代表的な経験学習・リフレクシ
ョン研究を概観し、社会的要因が検討されていないことを批判する論考を示し
た上で、本書における問いの設定について説明する。

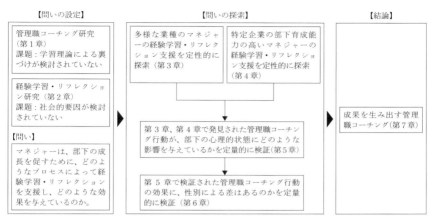

図 0-1 研究の枠組み

0.2.2 研究の方法

次に、「問いの探索」のために、どのような実証研究を行ったのかを説明する。本研究では、実証研究を混合研究法で実施している。混合研究法とは、研究課題をよりよく理解するために定量的データと定性的データの両方を収集した上で、2つを統合し、両方のデータが持つ強みを合わせたところから推論を導き出す、行動科学、社会科学、そして健康科学における研究方法論である（Creswell, 2014）。この研究法を採用した理由は、定性的データを定量的データによって強化し、妥当性、信頼性を高めるためである。混合研究法を提案しているクレスウェル（Creswell, & Clark, 2007; Creswell, 2014）によると、混合研究法には基本型として以下のような研究デザインがある。

①「収斂デザイン」：まず同じ現象について定量的および定性的データを別々に収集する。次に異なるデータ分析の結果を解釈する際に、異なる結果を比較対照することにより統合する。

②「説明的順次デザイン」：定量的データ収集および分析を実施した上で、量的研究結果を説明するために定性的研究を実施するというもの。定量的結果から統計的に大まかな結果を取得し、その後、その結果が生起し

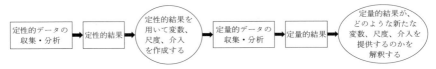

図 0-2 探索的順次デザインのステップ（Creswell, 2014 を訳者である抱井が修正）

た理由を定性的に探る。
　③「探索的順次デザイン」：最初に定性的データ収集・分析によって課題を探索し、次に測定尺度や介入方法を開発し、最後に、定量的調査によってフォローアップを実施する。

　本研究では、探索的順次デザインを採用した。なぜなら管理職コーチングの既存研究は、コーチングの対話や介入に関するスキルに集中しており、管理職コーチング行動の測定尺度を開発すべきであるという指摘があるからである（松尾, 2015）。探索的順次デザインの研究は、一般的に図 0-2 のステップで進む。
　本書では、「定性的データの収集・分析」および「定性的結果」を、第 3 章「経験学習・リフレクション支援の成功事例・失敗事例：定性分析 1」、第 3 章の解釈を深めるために実施した、第 4 章「部下育成能力の高いマネジャーの育成行動：定性分析 2」の中で探究した。「定性的結果を用いて尺度を作成する」「定量的データの収集・分析」「定量的結果」については、第 5 章、第 6 章において「管理職コーチング行動が部下の心理的状態にどのような影響を与えるか」を探究した。その上で、定性的分析の結果と定量的分析の結果を結合し、結論として第 7 章で、「マネジャーは、部下の成長を促すために、どのようなプロセスによって経験学習・リフレクションを支援し、どのような効果を与えているのか」を明らかにした。
　まとめると、定性的分析で抽出された管理職コーチング行動に関する定性的データをもとに、質問票を開発し、測定尺度の信頼性を評価した上で、第 3 段階において、定量的調査を実施し、開発した測定尺度と部下の心理状態との関係を調べ、最後の結論を検証した。
　なお、定性的分析については、データに密着（grounded）して独自の理論を生成し、概念とその諸概念を関係づけるカテゴリーによって一連の現象を説明する質的研究法であるグラウンデッド・セオリー・アプローチ（GTA）を使用

した（Strauss, & Corbin, 1998）。なぜなら、GTA が分析対象とするのは社会的相互作用（人と人の直接的なやりとり）であり（木下, 2020）、マネジャーと部下との関係は、社会的相互作用そのものであるからである。

0.3　本書の構成

　本研究は、表 0-1 に示すとおり、「管理職コーチング、経験学習・リフレクションに関する先行研究の整理」「経験学習・リフレクション支援に関する分析」「成果を生み出す管理職コーチング」から構成されている。

　第 I 部の目的は、管理職コーチングの何が人の成長につながっているのかを、学習理論と紐づけて、これまでの研究で明らかになっていることを整理することである。

　第 1 章では、「管理職コーチング」について論じる。まず、管理職コーチングとメンタリングなどの類似の概念との違いを説明する。さらに、管理職コーチングの定義が曖昧であることを指摘し、これまで先行研究において「管理職コーチング」がどのように定義されてきたのかを振り返り整理する。その上で、本研究における管理職コーチングを定義する。次に、管理職コーチングのプロセスに関する研究を整理した上で、管理職コーチングのプロセスにリフレクションの要素が含まれていることを示す。最後に、管理職コーチングの先行要因、成果要因、媒介要因、調整要因について概観し、管理職コーチング研究の現状と課題を指摘する。

　第 2 章では、「経験学習およびリフレクション」について、代表的な先行研究を紹介する。経験学習理論は、多くの日本企業で育成の背景理論として取り入れられている。例えば、ヤフーの 1 on 1 ミーティングの目的のひとつは、部下の経験学習を促すことである（本間, 2017）。また、ビジネスパーソンだけでなく、一流のアスリートも経験学習を能力向上のためのベースとして活用している。北京五輪スピードスケート金メダリストの高木美帆選手は、以下のように語っている「練習後、部屋でひとりきりになってスケートに向き合う時間をつくり、気になったポイントをノートに書き留めるのが日課になっている。毎日似たようなことをやっていますから、気づいた点は書いておかないとどんど

表 0-1　本書の構成

第Ⅰ部　管理職コーチング、経験学習・リフレクションに関する先行研究
第1章　管理職コーチングに関する先行研究
第2章　経験学習・リフレクションに関する理論
第Ⅱ部　経験学習・リフレクション支援に関する分析
第3章　経験学習・リフレクション支援の成功事例・失敗事例：定性分析1
第4章　部下育成能力の高いマネジャーの育成行動：定性分析2
第5章　管理職コーチングの効果：定量分析1
第6章　部下の性別による管理職コーチングの効果：定量分析2
第7章　結論：成果を生み出す管理職コーチング

ん忘れる。スキル的なポイントだけではなく、練習がきつくなってきたら、どういうメンタルで臨むと乗り越えられるかもメモします」(TARZAN 2018 年 7 月12 日号より引用)。このように、高木選手は、練習の経験を言語化することにより経験をリフレクションしている。

　経験学習理論の重要なポイントは、高木選手のように、経験をリフレクションすることである。第 2 章の前半では、リフレクションの創始者といわれている、ジョン・デューイの考え方(Dewey, 1933)、デューイの影響を受けた、ドナルド・ショーンの「行為の中の内省」(Schön, 1983)、ジャック・メジローによる「クリティカル・リフレクション」(Mezirow, 1990)について概観する。その上で、マネジメント教育に最も影響を与えているといわれている(Kayes, 2002; Kisfalvi, & Oliver, 2015; Tomkins, & Ulus, 2016; Yamazaki, & Kayes, 2004)、デイヴィッド・コルブの「経験学習理論」について説明するとともに、コルブによる経験学習理論の弱点を補うものとしてグラハム・ギブスの「リフレクティブサイクル・モデル」、フレット・コルトハーヘンの「ALACT モデル」について解説する。最後に、経験学習およびリフレクション研究の課題を述べる。

　第Ⅱ部の、部下育成行動に関する分析では、第Ⅰ部で提示されたリサーチ・クエスチョンを定性的に探索する。第 3 章では、総合病院、金融機関 2 社、食品メーカー、エンジニアリング、素材メーカー、専門商社の 7 組織に属する、43 名のマネジャーの部下育成における成功事例・失敗事例のリフレクションシートの記述データを分析の対象とした。リフレクションシートとは、マネジャーが特定の部下に対する育成行動を振り返り、成功・失敗の要因に関する主観を言語化したものである。対象となったマネジャーは多様な業種・職種に属し

ている。リフレクションシートに記述された、多様なマネジャーによる成功事例・失敗事例の違いを分析することにより、効果的な経験学習およびリフレクション支援のあり方を幅広く抽出することが可能であると考えた。

第4章では、大手保険会社における部下育成能力の高いマネジャー17名に対するインタビューデータを質的に分析することにより、より詳細な経験学習・リフレクション支援の構造を明らかにする。具体的には、「成長支援の準備」「仕事のアサインメント」「リフレクション支援」の3つから構成される、経験学習・リフレクション支援のステップを示す。その上で、第4章の後半では、マネジャーが部下の経験学習・リフレクションを支援する際のストーリーラインを述べる。

第5章では、第4章で明らかになった、育成能力の高いマネジャーの部下育成行動の効果を検証する。すなわち、第4章の定性的分析により抽出された管理職コーチング行動と「プロアクティブ行動」「ワーク・エンゲージメント」「心理的エンパワーメント」「リフレクション」という既存の概念の関係を定量的に検討する。具体的には、大手保険会社における課長・次長級のマネジャー80名とその部下599名を対象に、管理職コーチングに関するオンラインによる質問紙調査を実施し、管理職コーチング行動の効果を検証する。

第6章では、第5章の分析をさらに深めるために、男性と女性では、管理職コーチングに対する知覚に違いがあるのかを検討した上で、第5章で検証した管理職コーチング行動の効果に性別による違いがあるのかを検討する。山本(2014)により、「組織の従業員が組織内の職階において、現在以上の職位に昇進する可能性が将来的に低下する現象」であるキャリア・プラトー現象が、男性より女性に強く知覚されていることが指摘されている。また、日本において、マネジャーに占める女性の割合が、欧米諸国、アジア諸国と比較して低い水準であることからも（労働政策研究・研修機構, 2023）、本研究は、ダイバーシティを推進しようとする企業に一定の知見を提供できるように思う。

これらの分析を踏まえて、第7章では、それぞれ2つの定性分析と定量分析によって明らかになった発見事実を結合させた上で、経験学習・リフレクションを促進する管理職コーチングについて提案する。その上で、理論的・実践的な観点から、効果的な管理職コーチングについて考察し、本研究に残された課題と今後の展望を示す。

0.4 想定する読者

　本書は、人的資源管理論の分野に関わり、主に管理職コーチング、経験学習・リフレクションに関する学術書である。よって、こうした分野に関心を持つ研究者・大学院生を想定して執筆している。研究は、欧米を中心に取り組まれてきたが、筆者が先行研究を調べた限りでは、韓国、中国、台湾においても研究の蓄積が進んでいる。それと比較すると、我が国における実証研究の取り組みは少ないように感じる。本研究をきっかけに、管理職コーチングに関する実証研究が増加し、上司と部下の幸せな関係を構築するための知見が広がることを強く願う。

　同時に、筆者は人材育成に関する学術的知見を、現場に適合しやすいように翻訳し、人と組織の活性化を支援することを志向している。その意味で、組織において人材育成に関わる人事・人材育成担当者、さらには現場で部下育成に取り組むマネジャーにも、本研究で抽出された実践的な知見をお届けしたい。

　第1章は、管理職コーチングに関する先行研究を、プロセス面、先行要因、成果要因、媒介要因、調整要因に整理してまとめた。これから管理職コーチング研究に取り組もうとする研究者に思考のヒントを提供できればと思う。また、実務家にとっては、例えば、1 on 1 ミーティングを組織に導入することに、どのようなメリットがあり、どんな成果が期待できるのか、機能させるための前提は何かを知ることができる部分である。

　第2章は、経験学習・リフレクションに関する研究の概要と、理論に対する批判について説明している。これからこれらの分野を研究しようとする大学院生にとっては、頭の整理になるのではないだろうか。また、実務家にとっては、筆者が実務家時代にそうであったように、理論を盲信するのではなく、客観的に接するきっかけになるように思う。

　第3章～第6章は、実証研究の内容を記述している。研究者の方々には批判的に読んでいただけると思う。実務家の方々には、どのような結果になったかに注目していただきたい。ここで示した知見は、ある企業の研修の中に取り入れられ、部下育成のための羅針盤の役割を果たしているようである。また、第4章のストーリーラインにある、育成能力の高いマネジャーの語りは、現場で

部下育成に取り組むマネジャーにとっても、参考になると思う。

最後の第 7 章は、提言にあたる。もちろん、ここで示した管理職コーチングが、現場の部下育成に 100％適用できるとは思わないし、押しつけるつもりもない。なぜなら、上司も部下も人間であり、両者の関係をひとくくりにすることは不可能だからだ。ただ、筆者が示した管理職コーチング行動を型として、現場の状況に合わせて使い分けることは可能だと思う。それによって部下育成がうまくいく可能性が少しでも高まれば、これに勝る幸せはない。

上司と部下の幸せな関係を構築する。これが筆者の思いである。

0.5　小括

本章において、本書の全体像を示した。すなわち、本書を執筆するにあたり、どのような学術的問題意識を持っているのか、本書が探索する「問い」と、探索のための研究の枠組み、具体的な各章の内容、および本書をどのような方々に届けたいかを示した。

続く第 1 章では、本書のタイトルでもある、管理職コーチングについて述べる。管理職コーチングは人材育成活動のひとつであり（Blackman et al., 2016）、近年、多くの企業で実践されている「1 on 1 ミーティング」も、管理職コーチングの実践の一形態と見なすことができる（中原, 2021）。しかし、管理職コーチングは、実務的な志向が強いために理論的な検討が遅れていることが指摘されている（Hagen, 2012; Beattie et al., 2014; Dahling et al., 2016）。そこで第 1 章では、管理職コーチング研究の全体像を示した上で、経験学習・リフレクション研究とのつながり、研究の現状と課題について検討する。

注

(1) 1 on 1 ミーティングとは、上司と部下との間で行う 1 対 1 の対話のことである（本間・吉澤, 2020）。リクルートマネジメントソリューションズの調査によると、日本企業の 70％で導入されているといわれている（リクルートマネジメントソリューションズ, 2022）。

(2) ジョンソンら（Johnson et al., 2018）は、「70：20：10」のフレームワークの実施に関する 4 つの誤解が原因で、学習転移が妨げられていると主張している。具体的

には、①構造化されていない経験学習が自動的に能力開発につながるという過信がある。②「70：20：10」の 20 にあたる、社会的学習の解釈が狭く、社会的学習が経験的学習、社会的学習、公式学習を統合するという役割を認識していない。③公式の訓練・開発活動の後に、マネジャーの行動によって積極的にそのプロセスを支援する必要がなく、能力が自動的に変化するという期待がある。④効果的な学習伝達を行うためには、経験的学習、社会的学習、公式学習の間に、計画的で統合された関係が必要であるという認識が欠如している、という点が指摘されている。

(3) チャン（Chang, 2017）による、神経科学の視点を取り入れた経験学習モデルは、具体的経験、内省的観察、抽象的概念化、積極的実験を内側のサイクルとし、そのサイクルを囲む、外側のサイクルとして、「反復（Repetition）」「神経の自動性（Neural Automaticity）」「努力の軽減（Less Effort）」「習慣的パターンの形成（Habitual Patterns）」が示されている。すなわち、学習において重要な役割を果たすのは経験であるが、「反復」することで、「神経の自動性」が高まり、特定の行動を行う際の「努力が軽減」され、「習慣的パターンの形成」が促される。

第 I 部

管理職コーチング、経験学習・
リフレクションに関する先行研究

第Ⅰ部の目的は、管理職コーチング、経験学習・リフレクションに関する先行研究のレビューを通して、研究課題を抽出することにある。第1章では、管理職コーチングに関する先行研究を整理する。コーチングに関する先行研究は、主に組織の外部からのコーチングについてであり、マネジャーによるコーチングに焦点を当てていない。そのため、管理職コーチングがどのように定義され、どのように測定され、どのようなメカニズムで価値を生み出すのかについて、研究者間の合意がほとんどないと指摘されている（Dahling et al., 2016; Lawrence, 2017; Park et al., 2021）。そこで、第1章ではまず、管理職コーチングの定義、次に、先行要因、成果要因、媒介要因、調整要因について概観した上で、管理職コーチングがどのように測定されているのかについて先行研究を振り返る。

第2章では、経験学習、および経験学習の鍵となるプロセスであるリフレクションに関する代表的な研究を整理した上で、コルブ（Kolb, 1984）、ギブス（Gibbs, 1988）、コルトハーヘンら（Korthagen et al., 2001）のモデルをレビューする。その上で、経験学習に関する様々な批判を整理する。次に、経験学習およびリフレクションの研究において不足している「他者の影響」を検討するために、マネジャーが部下の業務遂行を支援する「管理職コーチング」研究と結合させ、経験学習・リフレクション支援のあり方を整理する。最後に、管理職コーチング、経験学習・リフレクションに関する研究課題を踏まえて、本研究のリサーチ・クエスチョンを提示する。つまり、これまでに明らかになっている従来の知見を整理し、第3章以降に行われる実証研究の土台をつくることが第Ⅰ部の狙いである。

第1章　管理職コーチングに関する先行研究

1.1　コーチングとは

　管理職コーチングの定義について論じる前に、コーチングの位置づけについて触れておきたい。なぜなら、コーチングはメンタリングやティーチングなどの他の部下支援活動と混同されやすく、まずは、その部分の整理が必要だからである。バーグとカールセン（Berg, & Karlsen, 2007）は、図1-1のように説明している。すなわち、コーチングは、アドバイスやメンタリングのように他人を指導したり、助言したりすることではない。また、指示のように、答えを明確に示すものでもない。質問によって、うまく誘導し、自分の意のままに操作したりすることでもない。コーチは、アドバイスや解決策を与えるのではなく、質問によって関心を引き出し、個人が目標と戦略を立てるのを支援する存在である。

　また、フェアレイとスタウト（Fairley, & Stout, 2003）は、コーチングと他の支援手法との関係を、図1-2のように整理している。右の象限にあるのは、対話の際に支援者が専門的な知識を発揮する職業であり、左の象限にあるのは、対話の際にクライアントが専門的な知識を有する職業である。上の象限の専門家の働きは主に質問をすることであり、下の象限の専門家の働きは主に答えを与えるものである。セラピスト、カウンセラーは心理学の専門的な知識を持ち、質問をすることによりクライアントを治療しようとする。一方、コーチは、心理学の専門的な知識は持たないが、質問をすることによりクライアントの問題解決を支援する。

　つまり、コーチングが対象としているのは原則として心身の健康な人で、自分をより成長させようとしたり、パフォーマンスを上げようとしたりしている人たちなのである。メンター、トレーナー、教師、マネジャー、コンサルタントは図1-2の右下の象限に当てはまる。これは各分野のエキスパートと見な

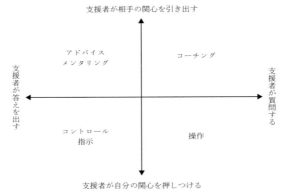

図1-1 コーチングと指示、操作、アドバイスの違い（Berg, & Karlsen, 2007を松尾, 2013が修正）

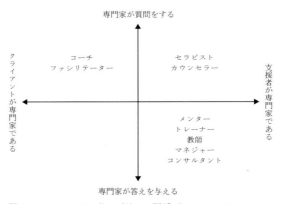

図1-2 コーチングと他の手法との関係（Fairley, & Stout, 2003を修正）

され、答えを人に与えるための職業であると考えられるからである。ただし、マネジャーについては、部下に指示を与えるのがマネジャーの仕事という古いマネジメントの枠組みでは、右下の象限に当てはまるが、部下自身が問題を理解し、自分で問題を解決できるように動機づけ、部下を刺激することが求められる新しいマネジメントの枠組みの中では、左上の象限に配置されると考えられる。また、コーチとよく混同されるのがメンターである。メンターとは、自らの分野における豊かな経験と知識を持ち、経験の少ない人にそれを伝える役

第1章　管理職コーチングに関する先行研究　19

割の人である。コーチングはどちらかといえば現在のパフォーマンスを向上さ
せることに主眼を置く行動思考であるのに対して、メンタリングは将来のキャ
リアを見据えた長期的な計画に関わるものが多く、コーチングよりも長期間継
続されることが多い。すなわち、メンタリングが、キャリア支援の文脈の中で、
指導・支援・開発を提供することに焦点を当てているのに対し、コーチングは、
個人がスキル・能力・仕事上のパフォーマンスを成長させ、向上させるための
支援・促進プロセスと考えられる（Ellinger, & Ellinger, 2021）。

　以上の分類を見ると、コーチングと他の手法との境界は「質問をする」こと
であると考えられていることが理解できる。そこで、これまで提唱されている
コーチングの定義を見ていきたい。

　ハムリンら（Hamlin et al., 2006）は、包括的な文献レビューを行い、コーチ
ングの 36 の定義を特定した上で、定義、目的およびプロセスの分析を行い、
「コーチング」「エグゼクティブ・コーチング」「ビジネス・コーチング」「ライ
フ・コーチング」に分類した。その上で、これら 4 つのバリエーション全てに
共通するコーチング・プロセスは、何らかの形のファシリテーション活動や介
入を通じて、個人や組織を支援することであり、目的の共通点は、個人が様々
な領域でパフォーマンスを向上させ、個人の有効性、自己開発、自己成長を高
めることを支援するという明示的・暗黙的な意図であると結論づけている。そ
の上で、ビーティら（Beattie et al., 2014）は、これらのコーチングのタイプの
違いは、強調している部分の違いであることを指摘している。例えば、「ライ
フ・コーチング」では、個人的な成長の目的が、人生を変えるような経験を含
むように意図的に拡張されている。「ビジネス・コーチング」は、企業、オー
ナー、マネジャー、従業員が個人的な目標やビジネス関連の目標を達成するこ
とを総合的に支援するプロセスとして概念化されている。また、「エグゼクティ
ブ・コーチング」は、コーチとエグゼクティブの 1 対 1 の関係の中で、組織
のパフォーマンスを向上させることを意図して、個人的な仕事や組織の目標を
達成することを強調している。そしてこれらのコーチングがプロのコーチによ
り実施されているとした上で、「コーチング」の強調点は、既存のスキル、コ
ンピテンス、パフォーマンスを向上させ、個人の有効性や成長を高めることで
あり、HRD の専門家やラインマネジャーも実施しているタイプのコーチング
であると主張している。すなわち、ハムリンら（Hamlin et al., 2006）の分類の

20　第 I 部　管理職コーチング、経験学習・リフレクションに関する先行研究

中では、「コーチング」が管理職コーチングであるといえる[1]。

1.2　管理職コーチング研究の全体像

　個人および組織の学習とパフォーマンスに与える影響の実証的な証拠が不足していることが、管理職コーチングの大きな弱点となっている（Beattie et al., 2014）。そのため、コーチング研究を、単にコーチングの効果を調査する研究から、コーチングがなぜ、どのように機能するかを検討する研究へと前進させる必要がある（Bozer, & Jones, 2021）。

　そのために、まず必要となるのが、管理職コーチングの定義の整理とともに、管理職コーチングが機能するための前提（先行要因）、管理職コーチングと、その成果を媒介したり、調整したりする要因は何か、そして、管理職コーチングがどのような成果を生み出すのか、管理職コーチングとはどのような行動なのかについての整理であろう。図 1-3 は上述の関係をまとめたものである。以下で、図 1-3 の説明をする。

　管理職コーチングの定義については後述するが、その内容から「個人パフォーマンス重視型」「個人学習促進型」「個人／チーム開発型」に分けて整理した。すなわち、管理職コーチングの定義には、個人のパフォーマンスを重視しているタイプ、個人の学習や成長を重視しているタイプ、個人だけではなくチームや職場の開発にも言及しているタイプが存在しており、コーチングの定義について合意された見解は見られない（Dahling et al., 2016; Lawrence, 2017）。

　先行要因については、マネジャーの個人特性、メンバー（従業員、部下）の個人特性、組織的要因、文化的要因に分けて整理した（詳しくは 1.5 節で述べる）。マネジャーの個人特性の中で、最もよく取り上げられるのは、個人の能力は開発可能であるという信念である漸進論をマネジャーが持っているかどうかによって、管理職コーチングに取り組む姿勢が変わるというものであろう（Heslin et al., 2006）。メンバーの個人特性としては、学習目標志向性を先行要因とする研究が多い（Lin et al., 2017）。すなわち、自分は成長できるというグロース・マインドセット（Dweck, & Leggett, 1988）を持つ個人ほど、管理職コーチングを積極的に受け入れるということである。

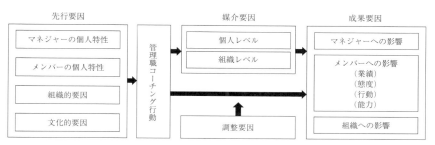

図 1-3 管理職コーチング研究の全体像

　組織的要因については、権限や職務条件といった組織的支援（POS: perceived organizational support）が低い（対高い）マネジャーは、コーチングに伴う個人的達成感が低く（対高く）、役割における負荷が高い（対低い）傾向にあるという（She et al., 2019）。

　文化的要因については、短期的な目標を重視する組織文化の中では、マネジャーはコーチングに対するモチベーションが低く、指示的な管理行動を示しがちである。逆に長期的な成果を重視し、長期的な育成に焦点を当てた管理行動を支援する組織文化の中では、コーチング行動に対するマネジャーの意欲が高まることを示した研究などがある（Pousa, & Mathieu, 2010）。先行要因に関しては先行研究の不足が指摘されており、どのような要因が管理職コーチングに影響を与えるかについてさらなる検討が必要であろう。例えば、組織における育成の風土・文化の違いなども、管理職コーチングの先行要因である可能性がある（松尾, 2015）。

　成果要因については、管理職コーチングが、マネジャーに与える影響、メンバーに与える影響、組織に与える影響に分けて整理した。マネジャーに与える影響については、これまでほとんど検討が進められていなかったが、シーら（She et al., 2019）が先鞭をつけた。管理職コーチングは、マネジャーの個人的達成感と正の相関があり、その結果、マネジャーの職務満足度に正の影響を与えること、一方、マネジャーの役割の過重性を高め、その結果、マネジャーの仕事に対する疲労感を高めることをシーら（She et al., 2019）は示している。組織において1 on 1ミーティングを導入する際に最も大きな課題となるのが、マネジャーの意欲であろう。その意味で、マネジャーにとって管理職コーチングにどのようなメリットがあるのかについて検討することは意義があると思われ

る。

　メンバーに与える影響については、管理職コーチング研究の中で、最も蓄積がある分野である。例えば、営業成績（Agarwal et al., 2009; Dahling et al., 2016）、個人の能力向上（Park et al., 2008; Matsuo, 2018）に関する研究が存在する。一方、これらの成果にいたるプロセスが不明であるとの指摘がある（松尾, 2015）。例えば、グレイ（Gray, 2007）は、リフレクションには、学習者が自分の知識ベースを再定義するのを助ける、ファシリテーションが必要であるとした上で、ファシリテーションのツールとしてコーチングの可能性を認めている。こうした観点を組み込むことで、管理職コーチングが成果につながるプロセスを示すことができる可能性があるだろう。組織に与える影響についても、研究の蓄積は少ないが、チームリーダーが発揮する、コーチングの専門知識とチームのエンパワーメントは、チームメンバーのチーム学習の成果を高めることに関連しているという報告などがある（Hagen, & Aguilar, 2012）。

　媒介要因については、管理職コーチングを個人レベル、組織レベルに分けて整理する。まず、個人レベルの媒介要因については、役割の明確化が管理職コーチングと、従業員の組織内での仕事に対する満足度、職務遂行能力、販売目標の達成を媒介するという複数の研究がある（Kim et al., 2014; Kim, 2014; Dahling et al., 2016）。組織レベルについての研究は少ないが、松尾（Matsuo, 2018）は、チーム・リフレクションが、管理職コーチングと学習との間を媒介していると報告している。

　管理職コーチングの調整要因については代表的な実証研究を説明した。調整要因については、心理的安全性がコーチングと従業員の知識共有の関係を強化することが見出されている（Qian et al., 2020）。媒介要因、調整要因は、管理職コーチングと成果をつなぐプロセスを見出すために重要であるが、研究が不足していると思われる。例えば、管理職コーチングは「上司・マネジャーが、従業員が仕事に関連したスキルや能力を学習・開発できるような行動を実施することで、学習の促進役となる」ことである（Ellinger et al., 2011）と定義されているにもかかわらず、学習を促進する重要概念であるリフレクションとの関係を示した研究は少ない。管理職コーチングと成果の間を、どのような概念が媒介したり調整したりするのかについては、管理職コーチングが機能するメカニズムを検討する上でも、重要と思われる。

最後に、管理職コーチング行動についてである。ヘスリンら（Heslin et al., 2006）が示した、部下にフィードバック、アドバイスを提供する「具体的指導」、部下が創造的に考えることを支援する「ファシリテーション」、部下の新しい挑戦を支援する「鼓舞」、およびパクら（Park et al., 2021）による、開かれた意思疎通である「オープン・コミュニケーション」、マネジャーが部下をパートナーとして扱う「チーム・アプローチ」「人を大切にする」「曖昧さを受け入れる」「育成を促進する」、さらに、エリンジャーら（Ellinger et al., 2003; Ellinger et al., 2011）が開発した管理職コーチング行動に関する尺度が存在する。筆者が確認した限りであるが、管理職コーチングの成果を検討した先行研究の中で、エリンジャーら（Ellinger et al., 2003; Ellinger et al., 2011）の開発した尺度が38%、マクリーンらやパクら（McLean et al., 2005; Park et al., 2008）の開発した尺度が15%、ヘスリンら（Heslin et al., 2006）の開発した尺度が10%使用されており、その他の37%は他の尺度、計測方法で管理職コーチング行動を測定していた。つまり、管理職コーチング行動を測る尺度は安定しておらず、網羅的に測定する尺度の開発が必要である（松尾, 2015）。

　以上が、管理職コーチング研究の全体像である。以下では、管理職コーチングの定義について整理し、本研究における定義を説明する。その上で、先行要因、成果要因、媒介要因、調整要因、管理職コーチング行動についてどのような研究が行われ、何が明らかになったのかについて、詳細を説明する。

1.3　管理職コーチングの定義

　ここからは、管理職コーチングの内容について確認した上で、管理職コーチングをタイプ分けし、本研究における管理職コーチングの定義について述べる。ビーティら（Beattie et al., 2014）は、管理職コーチングを「ヒエラルキー・コーチング」「ピア・コーチング」「チーム・コーチング」「クロスオーガニゼーション・コーチング」に分けている。ヒエラルキー・コーチングとは、主にマネジャーが自分の部下をコーチングするものであり、管理職コーチングの最も一般的な形態で、ある程度の研究がなされている。日本企業の70%で導入されている1 on 1 ミーティングも（リクルート・マネジメントソリューションズ, 2022）、

ヒエラルキー・コーチングの一形態であろう（中原, 2021）。管理職コーチングのスキルは、日々のマネジメント実践において欠かせない能力であり、マネジメントの有効性を高める中核的なスキルであると考えられている（Hamlin et al., 2006）。一方、組織内で管理職コーチングの浸透を図るためには、①組織としての、場当たり的でない体系的なアプローチ、②コーチングスキルと行動を向上させるためのトレーニング、マネジャー同士のピア・コーチング、スーパービジョン（第三者による助言）の提供、③コーチング活動の費用対効果を評価する活動の強化、が必要となる（Beattie et al., 2014）。

　ピア・コーチングとは、似たような経験を持つ同僚同士が、お互いの仕事上の目的を達成するために支援しあうことである。この形態のコーチングのメリットは、部下と共有しにくい、ピープルマネジメント（部下ひとりひとりと向き合い、成長を促すことで組織の成果を最大化しようとすること）に関する問題や、弱みを見せることになるためマネジャーとは共有したくない、部下に関する問題を同僚と共有できることである。問題を同僚と共有することで、マネジャーたちは「安全弁」を手に入れ、ストレスを軽減できる。

　チーム・コーチングとは、組織内のチームに対するマネジャーによるコーチングのことであり、スポーツにおけるコーチングに最も近いものである。チーム・コーチングにおいては、ゴールやターゲットがチームメンバーにより検討され、同意される。チームメンバーはお互いを補完し、ベストな役割を果たす。マネジャーは定期的にフィードバックをし、メンバー間の関係性を管理することが求められる。

　クロスオーガニゼーション・コーチングとは、比較的新しい試みであり、2つ以上の組織間の協働により行われる活動を指し、異なった組織から選抜されたもの同士がコーチとなる。この形態のコーチングの利点は、自分の所属する組織や部門以外で、知識や学習を広げる機会となること、すなわち、多様な他者の経験へのアクセス、ベストプラクティスの共有、新鮮なアイデアへのアクセス、他の組織や部門に関する知識を深める機会となることである。

　また、ホイら（Hui et al., 2013）は、管理職コーチングを、「ガイダンス・コーチング」（個人のパフォーマンスを改善・向上させることを目的として、マネジャーがロールモデルとなり、明確な期待を持って改善方法を指示的にフィードバックする）と「ファシリテーション・コーチング」（マネジャーが個人の課題を探索・評価し、

パフォーマンス向上のための適切な対応を自己開発することを支援する）に区別している。ガイダンス・コーチングは、コーチングを行う際に、「いって聞かせる」アプローチを取る。マネジャーから、課題を遂行するための有効な方策が与えられるため、課題を処理する方策を受け手が自ら開発する機会が十分に与えられない。これに対し、ファシリテーション・コーチングは、失敗からの学びやリフレクションを通じて、代替的なアプローチや戦略を探究し創造することを奨励する傾向があるため、受け手は、自分自身の戦略を改善し、創造する機会を比較的多く持つことができる。

さらに、管理職コーチングを部下のパフォーマンスの状況によって分ける考え方もある。開発型コーチングは、個人的な学習や開発、特定のスキル（例えば、管理能力やリーダーシップスキル）をさらに必要とする高業績の従業員のパフォーマンスを最大化することを目的とする。これに対して、リメディアル・コーチングは、職務上の求められる行動レベルに達していない従業員の、不適切なパフォーマンスを修正したり、パフォーマンスのギャップを克服したりすることを目的とする（Bozer et al., 2022）。

以上のように、管理職コーチングは、研究者によって様々な分類がなされており、コーチングの定義について合意された見解は見られないと報告されている（Dahling et al., 2016; Lawrence, 2017）。このことを確認するために、ローレンス（Lawrence, 2017）により作成された、管理職コーチングの定義に関するまとめを、加筆修正し、複数の研究者によって提唱されているコーチングに関する定義を、成果－成長を縦軸に、個人－職場／チームを横軸にして「個人パフォーマンス重視型」「個人学習促進型」「個人／チーム開発型」に分類し、整理したのが図1-4である。以下では、この分類別に詳細を説明する。

成果－個人の象限に位置する「個人パフォーマンス重視型」について、ヘスリンら（Heslin et al., 2006）による管理職コーチングの定義は、「仕事における部下のパフォーマンスを改善させることを目的として、マネジャーが1対1で部下にフィードバックやガイドを提供する活動」であり、パフォーマンスと1対1が強調されている。

同様に、ダーリングら（Dahling et al., 2016）による管理職コーチングの定義も、「部下のパフォーマンスを向上させ、彼らの個人的な課題に対処するために、建設的で発展的なフィードバックを継続的に提供し、優れたパフォーマン

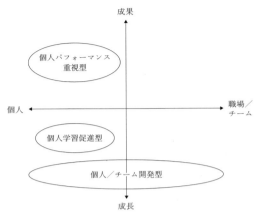

図 1-4 管理職コーチングの定義の分類

スのための行動モデルとなり、部下と協働してパフォーマンスを上げるためのモチベーションとなる魅力的で挑戦的な目標を設定するプロセスである」とされており、他の研究者による定義（巻末の資料1参照）も、個人のパフォーマンスや業績を重視しているため、「個人パフォーマンス重視型」に配置した。

　成長−個人の象限に位置する「個人学習促進型」は、管理職コーチングが、個人の学習や成長を促進する活動であるとしている。エリンジャーとボストローム（Ellinger, & Bostrom, 1999）は、管理職コーチングを「監督者またはマネジャーが、学習の促進者として、部下が仕事に関連するスキルや能力を学習し、開発できるようにする行動である」と定義している。また、グレゴリーとレヴィ（Gregory, & Levy, 2010）は「部下とマネジャーの効果的な関係、およびフィードバック、業績データ、評価などの客観的情報の活用に基づき、従業員が直属の上司と1対1で、現在の職務遂行能力を向上させ、将来の役割や課題に対する能力を高めるための能力開発活動である」と定義しており、コーチが従業員の学習や能力開発の促進者であることが強調されている。他の研究者も、同様に学習や成長を重視している（巻末の資料2参照）。

　成長−個人および、成長−職場／チームの象限に位置する「個人／チーム開発型」では、管理職コーチングは、個人だけではなく、職場／チームの学習や成長を促進するものである。具体的には、ハムリンら（Hamlin et al., 2009）は、「個人、グループ／チーム、組織が新たなスキル、能力、パフォーマンスを獲

第 1 章　管理職コーチングに関する先行研究　27

表 1-1　管理職コーチングの定義の比較

タイプ	定義	研究者
個人パフォーマンス重視型	仕事における部下のパフォーマンスを改善させることを目的として、マネジャーが 1 対 1 で部下にフィードバックやガイドを提供する活動	Heslin et al., (2006) など
個人学習促進型	監督者またはマネジャーが、学習の促進者として、部下が仕事に関連するスキルや能力を学習し、開発できるようにする行動	Ellinger & Bostrom (1999) など
個人／チーム開発型	部下が自己を成長させ、より効果的に働くために必要なツール、知識、機会を与えるプロセスであるが、1 対 1 の状況だけではなく、チームの状況を含めた、マネジャーと部下との日常的な相互作用も考慮したもの	Park et al., (2021) など

得し、個人の有効性、自己開発、自己成長を高めることを可能にする、援助的で促進的なプロセスである」と定義している。同様に、パクら（Park et al., 2021）は「従業員が自己を成長させ、より効果的に働くために必要なツール、知識、機会を与えるプロセスであるが、1 対 1 の状況だけではなく、チームの状況を含めた、マネジャーと部下との日常的な相互作用も考慮したものである」と定義し、部下の成長支援を強調すると同時にチームの状況も考慮することを示しており、他の研究者も同様である（巻末の資料 3 参照）。以上、代表的な定義を比較すると表 1-1 のようになる。

　さらに、コーチングは、質問を中心としたコミュニケーションによる支援的な手法と思われがちだが、「ガイダンス」（Heslin et al., 2006）、「建設的で発展的なフィードバック」（Dahling et al., 2016）、「知識、機会を与えるプロセス」（Park et al., 2021）などを定義に含め、コーチングを部下育成に必要なマネジャーの行動全般と捉えている研究者も存在する。若手従業員など職務遂行能力の低い部下に対してはティーチングやネガティブ・フィードバックをし、部下のモデルとなることが必要となるため、コーチングの概念を広く捉えているということであろう。

　以上のように、管理職コーチングの定義は明確ではないが、本研究では、ヘスリンら（Heslin et al., 2006）の定義にパクら（Park et al., 2021）の定義を加えた、「部下の仕事におけるパフォーマンスを改善させることを目的として、マネジャーが 1 対 1 で部下にフィードバックやガイドを提供し、個人とチームに影響を与える活動」としたい。このように定義した理由は、以下の研究による。アンダーソン（Anderson, 2013）は、521 名のラインマネジャーに対し、コーチン

28　第 I 部　管理職コーチング、経験学習・リフレクションに関する先行研究

グの研究で一貫して強調されているコーチングに関する 12 の行動を示し、その中でどの行動が職場におけるコーチングと関連するかについての回答を求めた。その結果、12 のうち 7 つの行動はマネジャーによるコーチングと関連が薄いことが示された。関連性が薄い項目には、「解決策を提供する代わりに質問する」「自分自身で解決策を考えるのを支援する」などがあり、バーグとカールセン（Berg, & Karlsen, 2007）およびフェアレイとスタウト（Fairley, & Stout, 2003）が示した、「質問する」ことを分類の軸とすることは、管理職コーチングには必ずしも適合しないことを示唆している。実践的に考えても、例えば若手従業員など、熟達していない部下に仕事を教える前に質問だけをすることは適切ではない。また、部下によっては、具体的なアドバイスを求められるケースもある。

　よって、コーチング行動に具体的指示（Guidance）が含まれている、ヘスリンら（Heslin et al., 2006）の定義を採用した。また、パクら（Park et al., 2021）の定義を加えた理由は、コーチングにおいては、マネジャーによる傾聴が重視されるが、部下による「傾聴」の知覚は、親密さの感情やその後の組織市民行動（組織内の従業員が自身の役割ではない範囲の仕事を率先して行う役割外行動のこと）と正の関係を持つという研究や（Lehmann et al., 2021）、松尾（Matsuo, 2018）のようにコーチングがチーム学習に影響するという研究もあり、1 on 1 ミーティングのような、職場内でのコーチング活動は、組織とも相互作用が生じると考えられるからである。なお、管理職コーチングは、コーチングに関する研究よりも、リーダーシップ研究など、他の研究分野と見なすべきだと指摘する研究者も存在する（Anderson, 2013; Dahling et al., 2016）。

1.4　管理職コーチングのプロセス

　序章で見たように、経験学習を促進する鍵はリフレクションである。管理職コーチングにおけるリフレクションの重要性は、明確な形で意識されてこなかったが、例外的な研究もある。例えば、ハントとワイントラウブ（Hunt, & Weintraub, 2017）は、個人の発達を促進するコーチングを実現するための重要な要因として「機会」「リフレクション」「フィードバック」「フォローとアクショ

ンプラン」を提示しており、中でもリフレクションの支援が主要な役割を果たすと述べている。したがって、以下では、部下のリフレクション支援に焦点を当て、管理職コーチングの研究を整理する。なお、実証研究の選択にあたっては、松尾（2015）をもとにしつつ、新たな研究も加えている。また、管理職コーチングのプロセスには、2つの考え方がある。すなわち、コーチングを行動指標としてのみ捉え、コーチが示す行動によってのみ特定されるという考え方と、態度やスキルによって発揮されるという考え方である（Hagen, 2012）。この考え方に従い、以下では「行動」と「態度」「スキル」に分けて、管理職コーチングのプロセスを整理する。

1.4.1 行動面からの整理

　以下では、行動面からコーチングのプロセスを示した研究を整理する。第1に、エリンジャーとボストローム（Ellinger, & Bostrom, 1999）は、クリティカル・インシデント法[2]を用いて、部下の学習を促進する方法を分析し、優れたマネジャーが質問によって部下に問題を熟考するように促し、成長を支援していることを発見した。その上で、管理職コーチング行動を分析し、エンパワーメント関連の行動（empowering behaviors）とファシリテーション関連の行動（facilitating behaviors）という2つの次元を見出している。エンパワーメント関連の行動とは、自身の行動や意思決定に説明や個人的な責任を持つように部下を励ますことで、パワーと権限を与えるコーチングを指す。これに対し、ファシリテーション関連の行動は、新しい理解やものの見方を持てるように部下を促したり、部下の学習や発達を支援したりするコーチングである。このうち、ファシリテーション行動の中に部下のリフレクション支援が含まれていると考えられる。具体的には、「部下自身が課題を考え抜くように促す質問をする」「答えを与えるのを差し控える」「異なる見方ができるように、部下の視野を広げる」「ものの見方を変えさせる」というコーチング行動が、リフレクションを促していると考えられる。

　第2に、エリンジャーとボストローム（Ellinger, & Bostrom, 1999）の研究をもとに、エリンジャーら（Ellinger et al., 2003）は、実証研究により、従業員満足度およびパフォーマンスを高める、8つのコーチング行動を報告している。す

なわち、①比喩や例えを用いて学習を促す、②全体像を見せて視野を広げる、③建設的なフィードバックを与える、④コーチングの効果について部下からの意見を求める、⑤仕事を進めやすいように資源を提供する、⑥質問することで問題について考えさせる、⑦部下への期待を明確にし、組織の目標とのつながりを明確にする、⑧ロールプレイによって見方を変える、という行動である。このうち「全体像を見せて視野を広げる」「質問することで問題について考えさせる」「ロールプレイによって見方を変える」という指導が部下のリフレクション支援に該当すると思われる。

　第3に、ローゲネッカーとノイバート（Logenecker, & Neubert, 2005）は、米国の24組織に勤務するマネジャー225名に対して実施したフォーカスグループのデータをもとに、パフォーマンスを改善するための効果的な管理職コーチング行動のトップ10を提示している。具体的には、「求められるパフォーマンス、成果は何かを明らかにする」「誠実でバランスの取れた業績フィードバックを提供する」「部下のマネジャーが、実際にどれだけうまく機能しているのかを知っている」「中堅社員の強みと弱みを理解する」「業績改善のために専門的なアドバイスを提供する」「相互利益と信頼にもとづいた協力関係を構築する」「中堅社員にかかるプレッシャー、状況を理解する」「仕事の課題を解決するためのサポートをする」「中堅社員が優先すべき課題を支援する」「パフォーマンスの改善に責任を持つ」といった行動があげられている。このうちフィードバック、アドバイス、サポートとリフレクション支援が関係すると考えられるが、明示的には示されていない。

　第4に、ヘスリンら（Heslin et al., 2006）は、過去のコーチング研究をレビューし、表1-2に示した「具体的指導」「ファシリテーション」「鼓舞」の3つの次元からなる、コーチング行動の測定尺度を開発している。「具体的指導」とは、部下に期待する成果のレベルを伝えたり、業績を改善するために建設的なフィードバックやアドバイスを提供したりすることである。「ファシリテーション」とは、部下のアイデアを引き出す役割を果たしたり、問題を解決するために創造的に考えることを支援したりすることを指す。また、「鼓舞」とは、部下に成長への期待を伝えたり、継続的に成長できるように励まし、新しい挑戦を支援したりすることを意味している。これら3つの次元のうち「ファシリテーション」にリフレクション支援が含まれると考えられるが、このファシリ

第1章 管理職コーチングに関する先行研究 31

表1-2 ヘスリンら（Heslin et al., 2006）によるコーチング行動

具体的指導 （Guidance）	・期待される業績について指導している。 ・業績の現状を分析する手伝いをしている。 ・改善が必要な点について建設的なフィードバックを提供している。 ・業績を改善するために有益なアドバイスをしている。
ファシリテーション （Facilitation）	・部下のアイデアを引き出す役割をしている。 ・問題を解決するために創造的に考えることを支援している。 ・新しい可能性や解決策を追求することを促している。
鼓舞 （Inspiration）	・部下が成長できることを確信を持って伝えている。 ・継続的に成長できるよう励ましている。 ・新しく挑戦できるように支援している。

テーションを支えているのが「具体的指導」や「鼓舞」であるといえる。なお、松尾（Matsuo, 2018）は、「ファシリテーション」がチーム内のリフレクションを促進することを報告している。

　第5に、ビーティ（Beattie, 2006）は、ボランティア部門でのラインマネジャーを対象とした質的研究により、効果的なコーチングのための22種類の促進的行動を抽出し、これらを9つの要素に分類している。すなわち、サポートする、励ます、共感するなどの行動から構成される「思いやり」、知識を共有する行動である「情報提供」、ロールモデルとなる、基準を定めるなどの「プロフェッショナルとしてのあり方」、指示する、指導するなどからなる「アドバイス」、フィードバックと承認を与える「評価」、過去に起こったことをリフレクションさせる「思考」、権限を委譲し、信頼を寄せるなどの行動から構成される「権限委譲」、人材育成ができることを奨励する「育成者の育成」、挑戦を促す「挑戦」である。これらのコーチング行動のうち、「思考」の中に「内省的思考」が含まれている。

　第6に、ノアー（Noer, 2005）およびノアーら（Noer et al., 2007）は、文献調査、フォーカスグループ、専門家インタビューにより、「サポートする」「挑戦する」「評価する」の3つの次元からなる、異文化でも適用可能なコーチング行動のモデルを開発している。「サポートする」とは、信頼、開放、尊重、理解を促進する対人関係を構築することである。具体的には、「担当者としての関係づくり：ボディランゲージ、声のトーン、アイコンタクトなどを用いて、心理的な防御感を減らし、オープンで信頼できるコーチング環境をつくること」「探求：情報を引き出し、視点を明確にし、理解を促進するために質問をすること」「リフレクティング：コーチが自分の言葉で、コーチングを受ける

人が言っていること、感じていると思うことを述べ、明瞭さを促進し、明確にすること」「肯定：コーチングを受けている人が学び、変化し、成長する能力を持っているとコーチが信じていることを伝えること」「会話管理：コーチングを受ける人が自分の気持ちを振り返り、表現する機会を十分に持てるように、コーチングの会話を管理すること」という行動で構成されている。「挑戦する」とは、コーチングを受ける人が障害に立ち向かい、問題を再認識し、エネルギーと自立心を持って前進できるよう刺激することである。具体的には、「向き合う：コーチングを受ける人が、自分を妨げている問題、行動、認識と向き合い、理解することを支援すること」「焦点化・成形化：コーチングのやりとりを一般的なものから具体的なものへ、明確で実行可能な成果に向かって進めていくこと」「リフレーミング：コーチングを受ける人が、自分の仮説や推論を検証し、妥当性を確認するのを助けること」「エンパワーメント／活力：コーチングを受ける人が、目的意識、エネルギー、自立心を高めることを支援すること」という行動からなっている。「評価する」とは、ゴール設定と、達成度合いの測定のための分析プロセスを準備することである。具体的には、「データ収集：コーチングを受ける人に役立つ情報を収集すること」「ギャップ分析：現状と望ましい未来とのギャップを把握し、アクションプランを策定すること」「目標設定：コーチングを受ける人が望ましい目標を達成するための具体的な計画を立てることを支援すること」「測定／フィードバック：目標達成までの進捗を評価する基準を設け、行動の変化をフィードバックする仕組みを構築すること」により構成されている。これらの中で、「探求」「リフレクティング」「会話管理」「リフレーミング」にリフレクション支援が含まれている。

　第7に、エリンジャーら（Ellinger et al., 2011）は、これまでのコーチング研究の中で抽出されたコーチング行動を整理している。具体的には「支援的な学習環境の創造と促進」「ロールモデルになる」「質問を組み立てる」「従業員の視野を広げる」「業績に関するフィードバックのやりとり」「資源の提供」「期待を明確に設定し、伝達する」「従業員への権限の委譲」「従業員自身がストレッチするように、挑戦させる」という行動であり、このうち「質問を組み立てる」「従業員の視野を広げる」にリフレクション支援が含まれている。

　最後に、デイヴィッドとマツ（David, & Matu, 2013）は、エリンジャーら（Ellinger et al., 2003）により開発された8項目からなる Coaching Behaviors Inventory

（CBI）と、マクリーンら（McLean et al., 2005）により開発された Measurement Model of Coaching Skills（MMCS）の限界を踏まえ、MCAS（Managerial Coaching Assessment System）を開発した。MCAS は、15 のコーチング行動により構成されている。すなわち、①私は、パフォーマンスとタスクの達成方法に関する期待を明確に伝えています。②私は部下に質問をすることで、問題やタスクの解決に向けた様々な対策を模索するよう促しています。③私は、部下に仕事や問題に対して様々な視点を持つよう促しています。④私は、部下の視点も含め、他者の視点で物事を見るように心がけています。⑤私は、部下が仕事でうまくいったときには、ポジティブなフィードバックを与えています。⑥私は、部下のタスクがパフォーマンス基準に達していない場合、ネガティブだが建設的なフィードバックを従業員に与えています。⑦私は、部下が問題解決の糸口を見つけるのをサポートするために、例え話やシナリオ、比喩、事例などを使っています。⑧私は、部下からのフィードバックを求めています。⑨私は、部下に問題の解決策を教えるのではなく、解決策を見出すための指導を行っています。⑩私は、部下が直面している問題を克服するために、資源、情報、提案を提供します。⑪私は、部下に正式な学習機会と非公式な学習機会を提供しています。例えば、部門会議への参加、メンターの任命、その他同様の機会を提供しています。⑫私は、全ての解決策をやり尽くしたとき、チームの外から人を連れてきて、部下の学習を促進します。⑬私は、部下が問題を解決するための計画を立て、それを克服できるよう支援します。⑭私は、部下の成果や決断に対して、権限を与えています。⑮私は、部下とともに、仕事と業績に関する明確な目標を設定します。このうち「私は、部下に質問をすることで、問題やタスクの解決に向けた様々な対策を模索するよう促しています」「私は、部下に仕事や問題に対して様々な視点を持つよう促しています」という指導が部下のリフレクション支援に該当すると思われる。

1.4.2　管理職コーチングの態度・スキル

　以下では、態度・スキル面からコーチングのプロセスを示した研究を整理する。第 1 に、マクリーンら（McLean et al., 2005）は、文献調査、専門家によるレビュー、テストおよびデータ分析により、「オープン・コミュニケーション」

「チーム・アプローチ」「人を大切にする」「曖昧さを受け入れる」の4因子構造からなるモデルを提案している。「オープン・コミュニケーション（Open Communication）」とは、部下や同僚を含む他者と、オープンなコミュニケーションを取ることであり、「自分の気持ちを伝えるようにいわれても私は不快ではない」「困難な仕事の場面でも、率直に自分の意見を述べる」「他者との会話の中で、自分の気持ちを素直に伝える」「人間関係を構築する際、自分の価値観をオープンにする」「仕事上の経験について聞かれたら、積極的に話をする」により構成される。「チーム・アプローチ（Team Approach）」とは、仕事に対してチームとして取り組むアプローチを取ることであり、「仕事上のプロジェクトでボランティアを頼まれたら、チームで取り組む仕事を選ぶ」「私は普通、他の人と一緒になって完成させる仕事の方が楽しい」「職場のグループの一員として、私はグループの合意形成のために働くことを好む」「意思決定が必要な場合、私は他の人と一緒に結果を決定することを好む」「目的を達成するための方法を考えるとき、私は他の人に意見を求める」という項目により測定される。「人を大切にする（Value People）」とは、仕事よりも人を大切にすることであり、「意思決定において、論理より感情を重視している」「他者との議論では、目の前の課題よりも個人のニーズを重視する」「会議の進行をするときは、アジェンダの完了にこだわらず、人間関係を構築するための時間を残す」「職場では、人とのつながりを大切にしている」「私の仕事では、タスクよりも人を重視する傾向がある」により成り立っている。「曖昧さを受け入れる（Accept Ambiguity）」は、職場環境の曖昧さを受け入れることであり、「対立を建設的なものだと考えている」「他の人がキャリアを決めるとき、私はリスクを取ることを勧める」「問題を解決するために、私は新しい解決策を試すことを好む」「私は、職場の対立に疲労を感じない」「私は、人と一緒に仕事をするとき、実現可能なことがたくさんあるような質問をする」により構成されている。このうち、リフレクション支援の要素が含まれていると思われるのは、「曖昧さを受け入れる」に含まれる、「対立を建設的なものだと考えている」「私は、人と一緒に仕事をするとき、実現可能なことがたくさんあるような質問をする」であるが、直接的にリフレクション支援といえるのかは、明確ではない。

　マクリーンら（McLean et al., 2005）による尺度を、パクら（Park et al., 2008）は、文献調査、専門家によるレビュー、博士課程の学生による質的評価、収集

したデータからの量的検証により改訂した。結果として、マクリーンら（McLean et al., 2005）の示した「オープン・コミュニケーション」「チーム・アプローチ」「人を大切にする」「曖昧さを受け入れる」に、「育成を促進する」を新たな次元として付け加えている。「育成を促進する」とは、部下の成長を促進するためのスキルやテクニックのことであり、具体的な行動例としては、リソースの提供、フィードバックの実施、目標の設定、部下が考え抜くための事例・シナリオ・ロールプレイ・質問の活用などがあげられている。新たに付け加えられた「育成を促進する」の中で、リフレクション支援に該当するのは、事例・シナリオ・ロールプレイ・質問の活用であろう。

　マクリーンら（McLean et al., 2005）による尺度は、能力開発を促進する尺度が含まれていないことや、部下がマネジャーを評価する際の使いにくさなどを踏まえ、パクら（Parke et al., 2021）により、さらに改訂されている（表1-3）。具体的には、パクら（Park et al., 2008）の示した「オープン・コミュニケーション」「チーム・アプローチ」「人を大切にする」「曖昧さを受け入れる」「育成を促進する」という次元を改めて検証・分析し、以下のように説明している。

　「オープン・コミュニケーション」とは、思考、感情、情報のオープンな交換を含み、マネジャーが、部下の話を効果的に聞き、明確に理解することにより、互いをよく理解しあい、関係を発展させる基礎となるものである。「チーム・アプローチ」とは、マネジャーが、指揮官や支配者として行動するのではなく、部下をパートナーと見なし、ともに働くことである。マネジャーが部下をコントロールするのではなく、パートナーとして扱うことで、部下はより力を発揮するようになる。これは1対1の状況だけでなく、チームの状況にも当てはまる。また、コーチングは共同作業であるため、コーチには共同行動を促すスキルが必要である。「人を大切にする」とは、マネジャーが、部下のニーズとタスクを考慮することである。優れたコーチングには、個人のニーズを認めることと、それをタスクに適用することの両方が必要である。「曖昧さを受け入れる」とは、マネジャーが新しいアイデアを受け入れ、複数の解決策を模索することである。この因子の特徴は、他者からアイデアを引き出そうとする意欲と、意思決定において複数の視点を考慮しようとする意欲にある。「育成を促進する」とは、部下の成長を促進するための様々な方法を用いることである。例えば、リソースやフィードバックの提供、目標の設定、部下が考え抜く

36　第 I 部　管理職コーチング、経験学習・リフレクションに関する先行研究

表 1-3　パクら（Park et al., 2021）によるコーチング行動

オープン・コミュニケーション （Open Communication）	私がマネジャーと気持ちを分かち合うとき、マネジャーはくつろいでいるようだ。
	マネジャーの経験が必要な状況になると、マネジャーは進んで経験を語ってくれる。
	新しい問題に直面したとき、マネジャーはまず私の意見に耳を傾ける。
	マネジャーと仕事をするとき、マネジャーは私に期待していると伝えてくれる。
チーム・アプローチ （Team Approach）	マネジャーは、他の人と協力して仕事を仕上げることを好む。
	職場の一員として、マネジャーはグループの合意のために働くことを好む。
	マネジャーは、意思決定が必要な場合、他の人と一緒に検討した上で決定することを好む。
	問題を分析するとき、マネジャーはグループのアイデアに頼る方だ。
人を大切にする （Value People）	私との話しあいにおいて、マネジャーは私個人のニーズに焦点を当てる。
	マネジャーは、会議を進行する際、関係構築のための時間を確保している。
	マネジャーは、個人のニーズとタスクが対立したとき、個人のニーズを満たすことを優先する。
	マネジャーは日常業務において、職場以外における個人のニーズに配慮している。
曖昧さを受け入れる （Accept Ambiguity）	マネジャーは、意見の違いを建設的なものとして捉えている。
	私がキャリアを決定する際、マネジャーはリスクを取ることを重視する。
	マネジャーは問題の解決策を模索する際、新しい解決策を試す傾向にある。
	マネジャーは、職場での意見の相違に浮き浮きしている。
育成を促進する （Facilitate Development）	マネジャーは、学習と能力開発を重要な責務のひとつと考えているようだ。
	マネジャーは、私のパフォーマンスを向上させるために、ロールモデルとしての役割を果たしている。
	マネジャーは、私がより多くの責任を負う機会を積極的に与えてくれる。
	私の仕事ぶりを改善させるため、マネジャーは常にフィードバックをくれる。

ように質問・ロールプレイなどを活用することなどが含まれる。効果的なコーチングを行うためには、マネジャーは部下の成長を促進するための具体的なテクニックを身につける必要がある。また、尺度については、マネジャーの観察可能な行動を記述するようにするなど、表 1-3 に示したとおり全面的に改訂されている。

　パクら（Park et al., 2021）により示された 20 の尺度のうち、直接的にリフレクション支援に該当する尺度は明確に示されていない。あえていえば、「曖昧さを受け入れる」に含まれる「マネジャーは、意見の違いを建設的なものとして捉えている」「マネジャーは、職場での意見の相違に浮き浮きしている」、および「育成を促進する」に含まれる「私の仕事ぶりを改善させるため、マネジャーは常にフィードバックをくれる」が該当していると思われる。

第1章　管理職コーチングに関する先行研究　37

　第2に、グレゴリーとレヴィ（Gregory, & Levy, 2010）は、コーチングを効果的にする上での、マネジャーと部下の関係性に着目し、部下との関係における重要な要素である「関係の誠実さ」「効果的なコミュニケーション」「関係の快適さ」「開発の促進」という4つの次元と12の尺度を開発した。具体的には、①関係の誠実さは、「マネジャーと私はお互いに尊敬しあっている」「マネジャーは本当に私のことを気にかけてくれている」「マネジャーは、私に対してコミットメントを感じていると思う」により構成される。②効果的なコミュニケーションは、「私のマネジャーは聞き上手である」「マネジャーとは話しやすい」「私はマネジャーと効果的にコミュニケーションを取れている」からなる。③関係の快適さは、「自分の仕事ぶりについて、マネジャーに安心して相談できる」「不安や悩みをマネジャーに相談できることに満足している」「マネジャーには安心して率直に話をすることができる」から成立している。最後に、④開発の促進は、「私のマネジャーは、私が自分の能力のレベルを確認し、それを発展させることを支援してくれる」「私のマネジャーは、私が組織の一員として成長することを可能にしてくれる」「私のマネジャーは、私の潜在能力を引き出すための活動をしてくれている」から構成される。このうち開発の促進とリフレクション支援が関係すると考えられるが、明示的には示されていない。
　最後に、ホイら（Hui et al., 2013）は、コーチングには状況によって効果が異なる、ガイダンス・コーチングとファシリテーション・コーチングが存在することを提案した上で、それぞれに求められる態度を示している。すなわち、個人のパフォーマンスを改善・向上させることを目的として、コーチがロールモデルとして、明確な期待と改善方法のフィードバックを指示的に行うガイダンス・コーチングにおいては、「提案に従えば、必ず成長し、向上することができると確信していることを表明する」「質問に対して的確な回答をする」「質問に対する直接的な回答を提供する」「タスクの実行方法を実演した後、教えられたことを正確に実行するよう求める」「デモ中の作業のやり方がなぜ効果的なのかを説明する」ことが求められる。一方、コーチが個人の課題を探索・評価し、パフォーマンス向上のための正しい対応を自己開発することを支援するファシリテーション・コーチングにおいては、「失敗から学ぶことを奨励する」「問題解決のための創造的思考を促進する」「自分で解決策を生み出すことで、継続的に開発・改善することを奨励する」「目標設定を促すことで、新たなチ

ャレンジをサポートする」「自分なりのやり方を開発できるようにする」ことが求められる。このうち、ファシリテーション・コーチングの中の、「失敗から学ぶことを奨励する」「問題解決のための創造的思考を促進する」「自分なりのやり方を開発できるようにする」に、リフレクション支援が含まれていると考えられる。

表1-4は、松尾（2015）を参考に、上述したコーチングのプロセスに関する研究の一部を比較したものである。これによると、管理職コーチングは「基盤形成」「内省支援」「問題解決支援」「挑戦支援」の4つの行動に分けることができる。基盤形成とは、部下との関係を構築し、部下を理解した上で、期待される成果について話しあい、ともに現状を分析することである。内省支援とは、質問によって部下に考え抜かせ、アイデアを引き出すことを支援するとともに、見方を広げさせることである。問題解決支援とは、部下に業績改善のための建設的なフィードバックを与えると同時に、仕事を進めやすいように資源を与え、主体的な問題解決を促す行動である。最後に、挑戦支援は、部下に権限委譲し、成長できることを期待することにより、成長や挑戦を促す行動である。

このうち本研究で注目している内省支援のコーチング・プロセスを詳しく見ると、「質問することで問題について考えさせる」「全体像を見せて視野を広げる」「ロールプレイによって見方を変える」（Ellinger et al., 2003）、「部下のアイデアを引き出す役割をしている」「問題を解決するために創造的に考えることを支援している」「新しい可能性や解決策を探求することを促している」（Heslin et al., 2006）、「失敗から学ぶことを奨励する」「問題解決のための創造的思考を促進する」「自分なりのやり方を開発できるようにする」（Hui et al., 2013）といった「ファシリテーション」が中心であることがわかる。すなわち、このファシリテーションは、部下の感情や考えを尊重しながら部下を育成する管理職コーチングの特徴だといえる。

なお、ハーゲン（Hagen, 2012）とビーティら（Beattie et al., 2014）は、管理職コーチング行動を支える文化の重要性を認めており、個人の管理職コーチングに関する能力開発より、集団の変化に努力を集中させる必要があると述べている。このときに考慮すべきなのが、経験学習・リフレクションを促される集団の文化がどのようなものであるかである。例えば、このチームは人間関係上のリスクを取っても安全であるとチームメンバーがお互いに信じている状態であ

第1章 管理職コーチングに関する先行研究　39

表 1-4　管理職コーチング行動の比較

		Ellinger et al. (2003)	Heslin et al. (2006)	Hui et al. (2013)
基盤形成	期待される成果について話す	部下への期待を明確にし、組織の目標とのつながりを明確にする	期待される成果のレベルを伝えている	提案に従えば、必ず成長し、向上することができると確信していることを表明する（ガイダンス・コーチング）
内省支援	質問して考えさせる	質問することで問題について考えさせる	部下のアイデアを引き出す役割をしている	
	見方を広げる	全体像を見せて視野を広げる	問題を解決するために創造的に考えることを支援している	失敗から学ぶことを奨励する（ファシリテーション・コーチング）
		ロールプレイによって見方を変える	新しい可能性や解決策を探求することを促している	問題解決のための創造的思考を促進する（ファシリテーション・コーチング）
				自分なりのやり方を開発できるようにする（ファシリテーション・コーチング）
問題解決支援	フィードバックを与える	建設的なフィードバックを与える	改善が必要な点について建設的なフィードバックを提供している	質問に対して的確な回答をする（ガイダンス・コーチング）
		比喩や例えを用いて学習を促す	業績を改善するために役立つアドバイスをしている	
	部下からのフィードバックを求める	コーチングの効果について部下からの意見を求める		質問に対する直接的な回答を提供する（ガイダンス・コーチング）
	主体的な問題解決を促す			自分で解決策を生み出すことで、継続的に開発・改善することを奨励する（ファシリテーション・コーチング）
	資源を提供する	仕事を進めやすいように資源を提供する	業務遂行の現状を分析する手伝いをしている	タスクの実行方法を実演した後、教えられたことを正確に実行するよう求める（ガイダンス・コーチング）
				デモ中の作業のやり方がなぜ効果的なのかを説明した（ガイダンス・コーチング）
挑戦支援	成長や挑戦を促す		部下が成長できることを確信を持って伝える	目標設定を促すことで、新たなチャレンジをサポートする（ファシリテーション・コーチング）
			継続的に成長できるように励ましている	
			新しい課題に取り組むことを支援している	

40 第Ⅰ部 管理職コーチング、経験学習・リフレクションに関する先行研究

る心理的安全性は、リフレクションと行動の継続的なプロセスであるチームの学習行動を通して、チームのパフォーマンスを高めることが明らかにされており（Edmondson, 1999; Carmeli, & Gittell, 2009）、マネジャーによるコーチング行動の効果に大きな影響を与えていると思われる。

1.5 管理職コーチングの先行要因

　組織において、管理職コーチングを活性化させる施策を検討する上で、管理職コーチングの効果に影響を与える要因を解明することは不可欠である（松尾, 2015）。以下では、マネジャーまたは部下のどのような個人特性が管理職コーチングの効果に影響を与えているのか、ならびに、管理職コーチングが効果を出しやすい組織固有の状況や文化にはどのようなものがあるのかを整理する。

1.5.1 マネジャーの個人特性

　マネジャーの個人特性として、最もわかりやすいのが性別であろう。イェら（Ye et al., 2016）は、51 カ国、1752 の組織において、13 万 3707 名のマネジャー（男性 74％、女性 26％）が 60 万 5367 名の部下から評価されたコーチング行動に関するサンプルをもとに研究を実施し、女性マネジャーは男性マネジャーよりもコーチング的な行動を取ることが多く、コーチングはジェンダーニュートラルな現象ではないことを報告している。なお、管理職コーチングの調査には、Hay Group（Ahlstrom, & Bruton, 2010; Houldsworth, & Jirasinghe, 2006）が開発した 68 項目の質問紙、MSI（Managerial Style Inventory）が利用されている。

　また、管理職コーチングの実施に対するマネジャーの意欲が様々であることに着目し、「暗黙理論」と管理職コーチング行動の関係性を検討したのが、ヘスリンら（Heslin et al., 2006）である。「暗黙理論」とは、人間の行動に影響を与える個人的特性（能力や性格）の可鍛性に関する個人の能力に対する信念のことである（Dweck, & Leggett, 1988）[3]。

　ヘスリンら（Heslin et al., 2006）は、6 週間の MBA（経営学修士課程）に参加するマネジャー 45 名と、その部下 170 名（MBA 不参加）、7 週間の MBA に参加

する部下105名と、そのマネジャー92名（MBA不参加）をサンプルに、マネジャー自身の暗黙理論と、実際にコーチングを受けた部下によるマネジャーのコーチングに対する評価を収集し、分析した。その結果、人間の能力は生まれつきで変更できないという「実体論」を持つマネジャーと、個人の能力は開発できるという「漸進論」を持つマネジャーを対比し、実体論を取るマネジャーは、部下の能力を開発しようとする努力を無駄なものと考え、他人を成長させるためのコーチングに熱心に取り組もうとしないことを示した。同様に、ニューフーディら（Nyfoudi et al., 2022）は、ギリシャの1つの組織と英国の2つの組織に属する60チームのマネジャーと、そのチームに属する182名のオフィスワーカーをサンプルに調査を実施し、管理職コーチングは万能薬ではなく、職場におけるコーチングの推進はマネジャーの学習性向を確認した上で進める必要があると述べている。すなわち、マネジャーが、上述した「斬進論」と同様に、個人の能力は開発できるという学習目標志向（Dweck, & Leggett, 1988）を持っていることが、コーチングを機能させる条件になるということである。加えて、救急救命九州研修所で実施された指導救命士養成研修を受講した全国の救急救命士351名の分析により、日本においても、個人が持つ学習目標志向（Dweck, & Leggett, 1988）が、コーチング行動に影響を与えていることが明らかにされている（谷口, 2018）。同時に、谷口（2018）は、マネジャーの経験学習行動がコーチング行動に影響を与えていることを確認している。すなわち、部下の学習を促すためのコーチング行動は、コーチ自身の学習態度の影響を受けている可能性があり、コーチ自らに学ぶ意欲がなければ、部下の育成はおざなりになるということであろう。

　また、エリンジャーとボストローム（Ellinger, & Bostrom, 2002）は、マネジメントを「伝える、判断する、コントロールする、指示する」と定義し、コーチングを「力を与える、助ける、開発する、サポートする、障害を取り除く」と定義した上で、この2つのアプローチの違いを認識することが、より協力的なコーチングスタイルへのマインドセットの転換の最初のステップになると述べている。

　さらに、ローレンス（Lawrence, 2017）は、60件の文献、およびこれらの文献の著者が引用した文献を参照し、管理職コーチングについてレビューし、効果的な管理職コーチングを実施するコーチには、①卓越した人間関係構築能力、

②直属の部下に継続的なフィードバックを行うこと、③状況に応じて「役割を切り替える」ことができること、すなわちコーチングから他のタイプの会話に瞬時に切り替えることができる機敏さ、④チームコーチングができることが求められることを示している。

1.5.2　メンバーの個人特性

　メンバーの個人特性についても、学習目標志向性（Dweck, & Leggett, 1988）を先行要因とする研究が多い。リンら（Lin et al., 2017）は、台湾の石油化学会社のマネジャーからコーチングを受けている部下119名のデータを収集し、能力は、努力によって高められると考えるグロース・マインドセットを持つ部下は、能力は固定的であると考えるフィックスド・マインドセットを持つ部下に比べ、コーチングを受けた後に、自己の志向に合った行動や意思決定をすることで、より高いパフォーマンスを発揮したことを報告している。グレゴリーとレヴィ（Gregory, & Levy, 2012）はフォーチュン500に掲載されている大規模な（従業員数約2万5000名）グローバル製造業に勤務する479名からサンプルを取り、フィードバック志向の強い人は、学習目標志向性（Dweck, & Leggett, 1988）を保持している可能性が高く、成長し、発展しようとする内発的な動機づけがあるため、フィードバック志向の弱い人に比べて、コーチングに対して肯定的な認識と受容性を持つことを明らかにした。同時に、部下のフィードバック志向が部下とマネジャーのコーチング関係の質に影響を与えることを示した。

　また、ハントとワイントラウブ（Hunt, & Weintraub, 2017）は、管理職コーチングを機能させる上で、部下の「客観的観点から自己の行動を振り返る能力」「自己や他者の活動に対する好奇心」「フィードバックを受け入れる能力」「学習・改善への高い動機づけ」が必要であると述べている。

1.5.3　組織的要因

　ターナーとマッカーシー（Turner, & McCarthy, 2015）は、過去6カ月以内にコーチングに関する研修を受講した24名のマネジャーのうち、地方の大学のマネジャー10名に半構造化インタビューを実施した上で、クリティカル・イ

ンシデント法により分析した。その結果、コーチング可能な瞬間を利用するかどうかをマネジャーが決定する上で、マネジャーと部下間の相互の信頼と尊敬の関係が必要であることを示した。

また、アンダーソン（Anderson, 2013）は、英国の2つの公的機関、5つの民間企業、3つの非営利団体で働くラインマネジャーを対象に、オンラインによるアンケート調査を実施し、521名から回答を得た。分析の結果、年齢、経験、マネジャー資格のレベルといった個々のマネジャーの人口統計学的特性は、管理職コーチングを行う傾向に影響を及ぼしにくいが、職業的自己効力感（OSE: occupational self-efficacy）[4]とリーダーとチームとの交換関係（LMX: Leader-Member Exchange）[5]は、マネジャーのコーチング行動を規定することを明らかにしている。

さらに、シーら（She et al., 2019）は、中国における製造業の、第一線のマネジャー154名とその部下852名を対象に調査を行い、権限や職務条件といった組織的支援（POS）[6]が低い（対高い）マネジャーは、コーチングに伴う個人的達成感が低く（対高く）、役割における負荷が高い（対低い）傾向にあることを報告した。

1.5.4 文化的要因

管理職コーチングの研究の多くは西洋諸国で行われてきた。そのため、違う文化圏でも西洋諸国と同様の効果を得られるのかを明確にする必要があるだろう。この点を踏まえ、キム（Kim, 2014）は、財閥系組織に属する、教育、金融、製造、商社など幅広い業種の韓国人従業員234名のサンプルデータを活用し、役割の明確さ、仕事への満足度、職務遂行能力、組織へのコミットメントとの関係を分析した。その結果、西洋文化圏と同様に、東洋文化圏においても管理職コーチングが有効であることが示された。また、イェら（Ye et al., 2016）は、集団主義的な文化圏のマネジャーは、個人主義的な文化圏のマネジャーよりもコーチング的な行動を取ることを報告している。すなわち、集団主義文化圏のマネジャーは、部下の幸福に責任を持つことを義務として感じており、部下との関係性を重視し、より育成的な行動を取る傾向がある。同様に、集団主義的な文化圏の部下は、マネジャーからの指導、助言、支援をより多く期待するた

44 第Ⅰ部 管理職コーチング、経験学習・リフレクションに関する先行研究

め、マネジャーのコーチング行動を歓迎し、評価する傾向があるという。

　企業ごとの文化の違いに関する研究も行われている。ポウサとマテュー（Pousa, & Mathieu, 2010）は、営業マネジャーがコーチング行動を取る動機を探る研究を行い、短期的な目標を重視する組織においては、マネジャーはコーチングに対するモチベーションが低く、指示的な管理的行動を示すモチベーションが高いことを示した。逆に長期的な成果を重視し、長期的な育成に焦点を当てた管理行動を支援する組織では、コーチングに対する意欲が高いマネジャーが存在することがわかった。

　さらに、ビーティ（Beattie, 2006）は、学習促進行動と職場要因の相互作用を明らかにするために、英国の2つのボランタリー組織の60名のラインマネジャーに対して半構造化インタビューを実施した上で、グラウンデッド・セオリー・アプローチ（GTA: Grounded Theory Approach）[7]により分析した。その結果、組織ミッション・戦略を実現する上で「学習する組織」としての文化が浸透し、それが学習行動を促進していることが明らかになった。また、その際に従業員が感じる心理的安心感が、学習する組織の文化を支えていることを示した。

1.6　管理職コーチングの成果要因

　管理職コーチングが、個人や組織にどのような影響を与え、どのような成果を生み出すのかは、組織における管理職コーチングの重要性を検討する上で、不可欠な要素であろう。ここでは、これまでに積み上げられてきた、個人や組織に対する管理職コーチングの成果に関する研究について整理する。

1.6.1　マネジャーに対する効果

　マネジャーに対する効果に関する研究は、管理職コーチング研究の中でも、最も不足しているテーマであるといえよう。シーら（She et al., 2019）は、中国における製造業の、第一線のマネジャー154名とその部下852名を対象に、管理職コーチングと、組織的支援（POS）、個人的な達成感、役割の過負荷、職務満足度、仕事上の疲労の関係を分析した。その結果、管理職コーチング行動を

取ることは、マネジャーの個人的達成感と正の相関があり、加えて、マネジャーの職務満足度に正の影響を与えることが示された。一方、マネジャーの役割の過負荷を高め、その結果、マネジャーの仕事に対する疲労感を高めることがわかった。

また、マッカーシーとミルナー（McCarthy, & Milner, 2020）は、オーストラリアの組織の部長および人事部長580名に対して、「マネジャーとしてコーチングスタイルを採用することで、何かメリットを感じたことがありますか」「マネジャーとしてコーチングをすることで、何か困難なことを経験したことがありますか」などの自由記述調査を実施し、マネジャーが、コーチングを行い、社員が成長する姿を見ることで、強烈な個人的満足感を得て、モチベーションを高め、人間関係の改善や信頼の再構築を行っていることを報告している。しかし、マネジャーは時間の制約やコーチとマネジャーという二重の役割に負荷を感じ、必ずしも全てのマネジャーがコーチングを行うわけではないという。

1.6.2　メンバーに対する効果

次に、管理職コーチング研究の中で、最も研究の蓄積がある、メンバー（従業員）に対する効果について「業績」「態度」「行動」「能力」に分けて整理する。

①業績

第1に、管理職コーチングと営業成績との関係についての研究を紹介する。アガルワルら（Agarwal et al., 2009）は、多国籍製造企業の営業職従業員328名と、コーチングのスキルトレーニングを受けた営業マネジャーにアンケートを実施し、分析した。この際、コーチング強度は、「より多く指示する」から「より多くコーチする」の5段階のリッカート尺度で評価されている。結果、ミドルマネジャー（中間管理職）のコーチング強度が従業員の営業成績に強い影響を与えていることを示した。同時に、マネジャーは他人を観察することによって、コーチングの方法を学ぶことはないことを報告している。また、リウとバット（Liu, & Batt, 2010）は、米国の、高度に標準化されたコールセンターで働く666名の従業員と110名のスーパーバイザー（マネジャー）を対象に調査を実施した。その際、マネジャーが従業員のコーチングに費やした時間の長さで

測定した。分析の結果、コーチングを行う頻度が、パフォーマンス（オペレーターの電話対応時間）にポジティブな強い影響を与えていた。その関係は、マネジャーがグループインセンティブ（成果報酬）をより多く利用している場合、技術の自動化が進んでいない場合、技術的な変更があまり頻繁に行われていない場合に、より強くなることが示された。さらに、ダーリングら（Dahling et al., 2016）は、米国に拠点を置くグローバルな製薬企業の、136チームの地区マネジャーと、そのチームに所属する1246名の営業職従業員の1年間の営業目標達成度に対して、管理職コーチングの頻度（マネジャーが部下と行うコーチングの回数）とスキル（フィードバック提供、行動モデリング、目標設定といったコーチング行動を行うマネジャーの熟練度）が与える影響を検証し、コーチングが営業成績に有意な効果を与えることをはじめて証明し、マネジャーがコーチングスキルを身につけることの重要性を明らかにした。この結果は、マネジャーが巧みなコーチング行動によってチームの役割を明確化したことによるものである。また、コーチングの頻度は、マネジャーが高スキルのコーチである場合には、販売目標達成と関係がなかったが、低スキルのマネジャーの場合、高頻度のコーチングが低いパフォーマンスと関係していた。すなわち、業績不振の営業担当者は、マネジャーから頻繁に注意を受けるが、スキルの低いマネジャーは業績を向上させることができないということを示している。

　第2に、管理職コーチングが、タスクパフォーマンスに影響を与えることについて述べる。例えば、エリンジャーら（Ellinger et al., 2003）は、米国の18カ所の物流センターにおいて、438名の従業員と67名のスーパーバイザーを対象に調査を実施し、管理職コーチングが、従業員のパフォーマンスを高めていることを示唆した。この研究におけるパフォーマンスは、「同僚に怪我をさせることなく製品を取り扱う」「施設内で製品を安全に移動させる」などの6項目の尺度で測定されている。また、ポウサとマテュー（Pousa, & Mathieu, 2014）は、米国工業メーカーのラテンアメリカ支社に勤務する営業職従業員、およびカナダ中央部の最大手地方銀行で営業を担当する最前線の従業員を対象に調査を実施し、管理職コーチングが、販売経験年数、勤続年数、役職の在任期間と関係なく、従業員のパフォーマンスを高めていることを見出している。加えて、ポウサとマテュー（Pousa, & Mathieu, 2015）は、カナダの大手銀行で働くファイナンシャルアドバイザー122名からデータを収集・分析し、コーチングが従業員

の自己効力感を高め、結果パフォーマンス（販売目標の達成など）、および行動パフォーマンス（顧客との関係性の向上など）に影響を与えることを明らかにした。さらに、キムとクオ（Kim, & Kuo, 2015）は、台湾の保険会社に勤務する、合計280組のマネジャーと部下の組み合わせを対象に調査を実施し、コーチングを受けた部下は、マネジャーに対してより強い信頼感を抱き、その結果、コーチングを受けなかった他の部下よりも良い業績を上げていることを示した。また、リンら（Lin et al., 2017）は、台湾の石油化学会社のマネジャーからコーチングを受けている部下119名からデータを収集した。その際に、コーチングについて、ポジティブな動機づけ戦略を用いて目標を課題に変え、モチベートする「プロモーション志向コーチング」と、失敗をなくすことを重視し、部下が犯したエラーや不満足なパフォーマンス、修正点などを中心にフィードバックする「予防志向コーチング」に分けて測定している。結果、「プロモーション志向コーチング」は部下のパフォーマンスと正の相関があり、「予防志向コーチング」よりも部下のパフォーマンスに対してポジティブな効果を与えることを報告している。

　第3に、管理職コーチングが組織目標の達成に影響を与えていることについて述べる。ホイーラー（Wheeler, 2011）は、英国の観光地で事業を展開する老舗企業のラインマネジャー6名、現場従業員7名に非構造化インタビューと半構造化インタビューによる質的研究を実施し、「情報提供」「オーナーシップの奨励」「ロールモデルの提示」「対話（傾聴）」というコーチング行動が組織目標の達成に貢献していることを見出した。その際、「フィードバックの提供」「視点を変える質問」「簡単に答えを与えない」が営業成績の向上に効果的であるが、コーチングスキルに自信がないマネジャーはこうした行動をしない傾向にあることを報告している。

②態度

　次に、メンバーの態度に対するコーチングの影響に関する研究を概観する。第1に、コーチングが従業員の仕事に対する満足度を上げることが報告されている。例えば、エリンジャーら（Ellinger et al., 2003）は上述した研究において、コーチングが従業員の仕事の満足度を高めることを明らかにしている。また、キムら（Kim et al., 2013）は、韓国最大のエネルギー供給会社の従業員482名に

対して調査を実施し、コーチングが従業員の仕事の満足度に直接的な影響を与えることを明らかにした。

　第2に、従業員が仕事に責任を示す度合いであるコミットメントへのコーチングの影響が報告されている。エルマダーら（Elmadağ et al., 2008）は、81社に属する、310名のフロントラインサービス従業員と、161名のラインマネジャーに対して、コーチングとサービス品質に対する従業員のコミットメントなどとの関係を把握するための調査を実施し、コーチングが、サービス品質に対する従業員のコミットメントに強い影響を与えることを明らかにした。加えて、フロントラインサービス従業員のサービス品質へのコミットメントは、職務に関連する成果を向上させることが示された。さらに、マネジャーのサービス品質へのコミットメントが、フロントラインサービス従業員のサービス品質へのコミットメントを調整していることを示している。

　次に、パクら（Park et al., 2008）は、米国に本社を置く技術系組織において調査を実施し、マネジャーによるコーチングスキルの活用は、従業員の組織コミットメントを高めることを明らかにした。さらに、上述したキムら（Kim et al., 2013）は、コーチングが、従業員の仕事への満足度や役割の明確さに直接的な影響を与え、キャリアコミットメント（自分の職業に対する態度の強さ）、組織コミットメント、職務遂行能力に間接的な影響を与えることを見出した。加えて、キム（Kim, 2014）は、財閥系組織に属する、教育、金融、製造、商社など幅広い業種の韓国人従業員234名のサンプルデータを活用し、コーチングが従業員の仕事の満足度に影響を与え、仕事の満足度を通じて組織コミットメントに間接的な影響を与えることを示している。

　第3に、コーチングがメンバーのエンゲージメントを高めることが報告されている。例えば、リーら（Lee et al., 2019）は、マレーシアの民間組織における65のワークグループに属する500名の従業員を対象に、マルチレベル・アプローチ（リーダーと複数の部下をマッチングさせる方法）を用いた調査を実施し、変革型リーダーシップ[8]とマネジャーによるコーチングや業績フィードバックのレベルの高さが、変革型リーダーシップとワーク・エンゲージメントの関係を媒介することを明らかにした。同様に、レディシェフスキーとタプリン（Ladyshewsky, & Taplin, 2017）は、マネジャーのコーチングに対する従業員の認知と、従業員のワーク・エンゲージメントの間に正の有意な関係があることを

示した。また、キャレルら（Carrell et al., 2021）は、米国の高等教育機関に所属する、第一線の監督者レベルのマネジャー301名からデータを収集し、分析した。その結果、コーチング行動が組織に対するマネジャーのポジティブな感情的反応を引き出し、最終的にチームメンバーのジョブ・エンゲージメントを高める可能性があることを報告している。さらに、デプレシら（DuPlessis et al., 2021）は、米国南西部の電気技師を中心とした技能職従業員とマネジャー292名から集めたデータをもとに調査を実施し、マネジャーによるコーチングが、ジョブ・クラフティング[9]を介してジョブ・エンゲージメントを高めることを明らかにした。このことは、有益なフィードバックを提供し、従業員のチャレンジを促し、職務資源を拡大するようなコーチング行動を実践できるマネジャーを育成することで、マネジャーが従業員のジョブ・エンゲージメントに好影響を与える可能性があることを示唆している。

　第4に、メンバーの態度へのその他の影響に関する実証研究を紹介する。アフマディら（Ahmadi et al., 2011）は、イランの10組織の110名の経営者に対する調査を実施し、オープン・コミュニケーションなどのコーチングスタイルが、QWL（Quality of Working Life）に影響を及ぼすことを明らかにした。同様に、ジャオとリウ（Zhao, & Liu, 2020）は、上海の国有企業（職種は建築設計や住宅建設から投資・開発まで）に所属する276名の従業員を対象に調査を実施し、マネジャーによるコーチングが従業員の職場ウェルビーイングに影響を与えることを示した。また、上述したキムら（Kim et al., 2013）は、コーチングがキャリアコミットメントに影響を与えることを見出している。さらに、松尾ら（Matsuo et al., 2020）は、日本のIT企業に所属する169名の従業員と、彼らの所属する53チームに調査を実施し、コーチングがクリティカル・リフレクション[10]にポジティブな影響を与えることを示している。加えて、上述したリーら（Lee et al., 2019）は、コーチング行動がワーク・エンゲージメントを媒介して、メンバーの離職意図に影響を与えることを報告している。

③行動

　ここでは、メンバーの行動へのコーチングの影響を概観する。第1に、コーチングが個人の革新的行動を導き出すことが報告されている。ワン（Wang, 2013）は、台湾のハイテク企業の研究開発部門の従業員127名と、従業員の革新的

行動を評価する研究開発マネジャー 23 名に対して調査を実施した。その結果、研究開発者の内発的動機と過去の職務経験が彼らの革新的行動にポジティブな影響を与え、質の高いコーチングがこれらの関係を調整することを見出した。

第 2 に、ファンとシェ（Huang, & Hsieh, 2015）は、コーチング行動が従業員のキャリア関連の行動を刺激することを見出した。すなわち、台湾のサービス業11 社の支配人・直属の部下 324 名を対象に調査を実施し、部下が与えられた職務を適切にこなしているかなどを示す役割内行動（IRBs: in-role behaviors）[11]と、部下が自分のキャリア目標を実現し達成するために行う意図的な行動である主体的キャリア行動（PCBs: proactive career behaviors）[12]の両方にコーチングがポジティブな影響を与えることを明らかにした。

第 3 に、組織市民行動への影響が示されている。上述したキムとクオ（Kim, & Kuo, 2015）は、コーチングが従業員のパフォーマンス行動である OCBI（organizational citizenship vihavior-individual、組織市民行動 - 個人：直接的には仲間や同僚に利益を与え、間接的には組織に貢献する従業員の行動）と OCBO（organizational citizenship vihavior-organization、組織市民行動 - 組織：直接的に組織に利益をもたらす従業員の行動）に直接的な影響を与えていることを明らかにした。

第 4 に、知識共有への影響が報告されている。チィエンら（Qian et al., 2020）は、中国北部にある物流会社の 32 のワークグループ（従業員 197 名とそのマネジャー）を対象に調査を実施し、マネジャーのコーチング行動が、心理的有効性[13]を媒介して、知識共有[14]に間接的効果を示すことを見出している。

第 5 に、シェとファン（Hsieh, & Huang, 2018）は、台湾のサービス業 5 社に勤務する 321 名のフルタイム従業員を対象に調査を実施した。その結果、コーチングのスキルはマネジャーに対する感情的信頼[15]を媒介して、マネジャーの評価を引き出そうとする IMFSB（impression management feedback-seeking behavior、印象管理フィードバック探索行動）[16]に肯定的な間接効果を持つことを明らかにした。その上で、コーチングが、支援的なマネジャーのフィードバック環境を形成する上で有益であり、この認知が、リスクの高い努力（すなわち、IMFSB）を行うことの知覚リスクを下げ、部下のマネジャーへの感情的信頼を実際の IMFSBへの反映を促すことを示唆するものであった。

第1章　管理職コーチングに関する先行研究　51

④能力

　最後に、メンバーの能力へのコーチングの影響を説明する。ハンナ（Hannah, 2004）は、英国の鉄道業界において「職場のコーチングは、部下の個人パフォーマンスを改善し、顧客満足度を高めることができるか」という研究課題に対する調査の中で、コーチングによって従業員の能力レベルが向上し、この能力向上が職場で一貫して示されたことを報告している。さらに、その結果、サービスの一貫性が向上し、旅行者の顧客サービス満足度も向上することが示唆されている。次に、パクら（Park et al., 2008）は、上述したものと同様の調査により、マネジャーによるコーチングスキルの活用が、部下の学習にポジティブな影響を与えていることを示している。また、松尾（Matsuo, 2018）は、日本の自動車・エレクトロニクス産業の98のエンジニアリングチームに所属する非管理職506名に調査を実施し、コーチングが、チームの学習と個人の学習にそれぞれ直接影響を与えることを明らかにした。キムら（Kim et al., 2013）は、コーチングが、従業員の仕事への満足度や役割の明確さに直接的な影響を与え、職務遂行能力に間接的な影響を与えることを見出した。

　以上をまとめると、コーチングのメンバーへの影響に関する研究では、業績、職務満足度、コミットメントに焦点が当てられてきたことがわかる。一方、エンゲージメントへの影響を検証した実証研究は少ない。例えば、ワーク・エンゲージメントとは、仕事に対するポジティブで充実した精神状態のことであり、直属のマネジャーとの関係に大きな影響を及ぼすと思われる。特に、近年注目を浴びている人的資本経営[17]への影響を考える上でも、コーチングとエンゲージメントとの関係を探索する研究はより多くの蓄積が必要であろう。また、能力やモチベーションへのコーチングの影響を検討する研究も不足している。コーチングが、「行動や学習を促すプロセス」と位置づけられていることからも（Ellinger et al., 2003）、能力やモチベーションへの影響を検討する研究の蓄積が必要だと思われる。

1.6.3　組織への影響

　最後に、管理職コーチングの組織への影響について紹介する。コーチングが、マネジャーとメンバーだけの関係に閉じず、チームや組織にどのような影響を

与えるかについて検討することの必要性が指摘されており（松尾, 2015）、これに対応する研究を中心に報告する。第1に、ハーゲンとアギラー（Hagen, & Aguilar, 2012）は、米国の5つの組織のチームメンバー212名およびチームリーダー167名を対象に調査を実施し、チームリーダーが発揮するコーチングの専門知識[18]とチームのエンパワーメントが、チームメンバーのチーム学習の成果を高めることを報告している。コーチングを行うチームリーダーがいるチームでは、そのチーム内の学習が有意に改善されることから、チームリーダーのコーチングの専門性の向上が、組織内の学習の促進に役立つことが示唆された。

第2に、ウィアら（Weer et al., 2016）は、コーチングに関する研究はコーチングのポジティブな側面に焦点を当てることがほとんどで、不適切なコーチング技術から生じうる有害な結果にはほとんど関心が払われていないことに問題意識を持ち、多国籍テクノロジー企業のミドルマネジャー714名を対象に、54カ月間に3回、ファシリテーション型コーチング（マネジャーがチームメンバーの願望と組織目標を一致させることによって育成を行い、両者の達成を促進すること）とプレッシャー型コーチング（結果を出すために大きな圧力をかけて指示を出すこと）におけるチームの有効性の変化に関する調査を実施した。その結果、ファシリテーション型コーチングは、チームのコミットメントにポジティブな影響を与え、ひいてはチームの有効性にも効果を示した。一方、プレッシャー型コーチングは、チーム内の緊張を高めることによって、チームのコミットメントにマイナスの影響を与え、チーム機能を阻害することを見出した。

第3に、松尾（Matsuo, 2018）は、日本の自動車・エレクトロニクス産業の98のエンジニアリングチームに所属する非管理職506名のサーベイ回答に基づく量的研究において、コーチングと個人の学習を結びつける上での、チームと個人のリフレクション[19]の媒介的役割を検討した。その結果、コーチングがチームの学習と個人の学習にそれぞれ直接影響を与えることを示した。その上で、チームのリフレクションは、コーチングとチームの学習[20]の関係の実質的な媒介として作用し、同様に、個人のリフレクションは、コーチングと個人の学習の関係の実質的な媒介となることを明らかにした。

第4に、ズニガ＝コラソスら（Zuñiga-Collazos et al., 2020）は、南米とスペインにある民間組織の中堅幹部117名を対象に分析し、コーチングが、人とチームのエンパワーメントに貢献し、組織の財務的・非財務的パフォーマンスに影

響を与えることを示した。

第5に、ニューフーディら（Nyfoudi et al., 2022）は、ギリシャと英国の組織に属し、コーチングを含む支援を受ける可能性が最も高い、知識創造を仕事とする60チームのマネジャーと、そのチームに属する182名に対して調査を実施し、マネジャーの学習目標志向が高い場合、マネジャーのコーチングスキルの高さが、チームレベルのアーキテクチャー知識（組織の構成要素がどのように統合され、連携しているかに関する知識。マネジャーがチームメンバーの中にある固有の知識群を利用できるように、知識の仲介者として振る舞う）を媒介してチームパフォーマンスを高めることを明らかにした。すなわち、コーチングがチームメンバーの視野を広げ、チームにおける自分の役割を考えることを可能にすることによりチームパフォーマンスに影響することを示唆している。

第6に、コインブラとプロエンサ（Coimbra, & Proença, 2022）は、オンラインアンケートで収集された、ポルトガル人38％、アメリカ人16％、ブラジル人16％、インド人22％、カナダ人、エストニア人、フランス人、ドイツ人、イタリア人など8％で構成される167件のデータをもとに調査を実施した。アンケート調査は2回行われ、1回目は先行要因である管理職コーチング、媒介要因である顧客志向、成果志向を評価し、約2週間後に意思決定、結果に対するプレッシャー、パフォーマンスを評価した。その結果、コーチングが顧客志向[21]と成果志向を媒介して営業チームのパフォーマンスにプラスの影響を与え、顧客志向がパフォーマンスにより大きな影響を与えることを見出した。また、中央集権的な意思決定や成果に対するプレッシャーは、コーチングとパフォーマンスとの関係を損なうものではなく、成果志向がパフォーマンスに与えるプラスの影響を補強することを報告している。

最後に、コーチングが組織に対して負の影響を与えていることを報告している研究を紹介したい。エリンジャーら（Ellinger et al., 2011）は、米国南東部の大学都市にある、サービス関連を中心とした幅広い業種の複数の組織に所属する21歳以上のフルタイムの社会人408名からデータを収集分析し、OISC[22]が、組織市民行動と正の関係にあることを明らかにした。しかし、これらの関係は、コーチングのレベルが低いか中程度であるほど強いことが示されており、マネジャーがすでにコミュニケーションと期待を明確にして一貫性を保ち、ロールモデルとしての役割を果たし、部下と充実した時間を過ごしているのであれば、

1対1のコーチングは逆効果になる可能性を示唆している。

1.7　管理職コーチングの媒介要因

　管理職コーチングと成果をつなぐ媒介要因にどのような概念があるのかは、コーチングが成果を生むメカニズムを検討する上で重要である。ここでは、コーチングと成果がどのような要素により媒介されているのかを、個人レベルと組織レベルに分けて整理する。

　まず、個人レベルについて整理する。第1に、役割の明確化が、コーチングと従業員の組織内での仕事に対する満足度、職務遂行能力、販売目標の達成を媒介しているという研究がある（Kim et al., 2014; Kim, 2014; Dahling et al., 2016）。役割の明確化とは、チームメンバーが、達成すべき目標や従うべき業務プロセスを明確に理解しているという共通の認識のことであり（Dahling et al., 2016）、個人としては与えられた組織のポジションにおける自分の役割に対する認知状態のことである（Kim, 2014）。すなわち、マネジャーの巧みなコーチングによって、仕事を遂行する上での曖昧さが解消され、果たすべき役割が明確になることにより、成果につながるということであろう。逆に、マネジャーがコーチングでサポートしてくれないと認知した部下は、自身の役割に曖昧さや混乱をきたし、仕事において非効率的なパフォーマンスをすることが明らかにされている（Kim, 2014）。

　第2に、コーチングが従業員の心理状態を刺激して成果につながるという研究群がある。ポウサとマテュー（Pousa, & Mathieu, 2015）は、コーチングが、自己効力感を媒介して、結果パフォーマンス（販売目標の達成など）および行動パフォーマンス（顧客との関係性の向上など）につながっていることを見出した。リチャードソン（Richardson, 2009）によると、マネジャーはコーチングを活用し、部下の過去の実績と成果をもとに、新たな課題を解決するための様々な方法を模索する。さらに、建設的なフィードバックを提供し、様々な質問を投げかけることによって、部下が経験から学ぶことや、課題解決のための様々な視点を持つことを支援する。結果、部下は自分に課題を解決するための能力があると認識し、部下の自己効力感を高めることになる。次に、マネジャーに対す

る信頼が、コーチングと成果の間を媒介していることを検討している研究について説明する。キムとクオ（Kim, & Kuo, 2015）は、コーチングが、マネジャーに対する信頼感を媒介し、部下の役割内パフォーマンス、OCBI、OCBO を高めることを見出している。また、シェとファン（Hsieh, & Huang, 2018）は、コーチングのスキルが、マネジャーに対する感情的信頼を媒介して、IMFSB を促していることを明らかにした。さらに、コーチングが感情的信頼を高める理由について以下のように述べている。まず部下とオープンにコミュニケーションを取るマネジャーは、部下が自分の仕事に関する感情、意見、提案を表明することを促すことができる。このような行為によって、部下とマネジャーの良好な関係が育まれ、マネジャーに対する感情的信頼度が高まる。次に、コーチングを行うマネジャーは、チームを重視する。このことは、チームの結束力を高め、自分たちを大切にしてくれているとチームメンバーが感じることにつながり、ひいてはマネジャーに対する感情的信頼が高まる可能性がある。さらに、人を大切にし、職場環境の曖昧さを受け入れる傾向のあるマネジャーは、部下の感情面をサポートし、思いやりのある風土を形成することができる。これにより、部下とマネジャーの感情的な結びつきが強化され、その結果、マネジャーに対する感情的信頼のレベルが高まる。最後に、コーチングを実施するマネジャーは、部下の学習と開発を促進することに注意を払い、部下に、自分自身の成長と開発が支援され、評価されているという感覚を呼び起こすことができる。このような感覚は、部下とマネジャーの良好な関係を育み、ひいてはマネジャーに対する感情的信頼の向上につながる。

　第 3 に、コーチングが従業員のモチベーションを刺激し、成果につながるという研究がある。ファンとシェ（Huang, & Hsieh, 2015）は、心理的エンパワーメントが、コーチングと IRB（役割内行動）の関係を完全に媒介し、コーチングと PCB（主体的キャリア行動）の関係を部分的に媒介することを明らかにした。心理的エンパワーメントとは、意味、能力、自己決定、インパクトという要素で構成される動機づけの概念である。具体的には、「意味」は仕事の目的や目標が、自分の理想や基準に照らして価値があることと定義される。「能力」はある仕事の中で、自分が遂行能力を有するという信念である。「自己決定」とは、作業方法や仕事を進めるペース、労力などの、仕事における行動やプロセスを自分で決定できるという知覚を指す。「インパクト」とは、自分が職場に

おいて戦略的・管理的影響を与えること、または運用上の成果に影響を与えることができる度合いのことである（Spreitzer, 1995）。従業員のモチベーションを高める概念である心理的エンパワーメントをコーチングが刺激することの理論的な根拠として、ファンとシェ（Huang, & Hsieh, 2015）は、コーチングを活用するマネジャーは次のことをしていると述べている。①部下とオープンにコミュニケーションを取り、仕事に関する建設的なフィードバックや具体的指導を提供することにより、部下が組織に対する自分の貢献と重要性を理解し、それによって「意味」が育まれる。②様々な方法により、部下の「能力」を高めることに専念している。③仕事よりも人を大切にし、環境の曖昧さを受け入れることができるため、部下により多くの自律性を与え、仕事の進め方を決めるように促し、「自己決定」を経験させる傾向にある。④チームワークと意思決定への部下の参加を促すことで、部下が自分の知識や専門性を共有する機会を提供し、自分自身の行動が仕事の成果を左右するという「インパクト」を高める可能性があることを示している。次に、チィエンら（Qian et al., 2020）は、コーチングが、必要な状況で個人的に関与するための身体的、感情的、心理的資源を持っているという感覚である心理的有効性を媒介して、部下の知識共有に影響を及ぼすことを明らかにした。すなわち、マネジャーがコーチング行動を通じて、部下にサポートと自信を与え、can do（できるだろうか、実現可能だろうか）、reason to（やりたいだろうか、なぜ行動しなければならないだろうか）、energized to（ポジティブな感情を抱いている）といったモチベーションの状態である心理的有効性を促進しているということである。

　第4に、コーチングの先行要因となることが明らかになっている学習目標志向性が、コーチングと成果を媒介するという報告もある。松尾ら（Matsuo et al., 2020）は、コーチングが学習目標志向性を媒介して、クリティカル・リフレクションにポジティブな効果を与えることを示した。コーチングは部下にパワーと権限を与え、同時に部下の学習と発達を促進することで学習目標志向性に刺激を与えていると考えられる（Ellinger, & Bostrom, 1999）。また、松尾（Matsuo, 2018）は、コーチングが個人のリフレクションとチームのリフレクションを媒介し、チームと個人の学習に影響を与えていることを見出している。コーチングの重要なスキルに「傾聴」と「質問」が含まれていることが、リフレクションを刺激していると考えられる（Hooijberg, & Lane, 2009）。

第5に、コーチングが従業員の行動を促し、成果につながっているという研究がある。デプレシら（DuPlessis et al., 2021）は、コーチングがジョブ・クラフティングを介してジョブ・エンゲージメントにつながっていることを報告している。ジョブ・クラフティングの実践者は、コーチを務めるマネジャーから得られる個別的なフィードバックを行動の指針にする可能性が高いことが予測できる。そのためにコーチングがジョブ・クラフティング行動を刺激するということであろう。また、ウー（Woo, 2017）は、コーチングとメンタリングの関連性[23]を検討した研究において、メンタリングがコーチングと組織コミットメントの正の関係を媒介していることを報告している。マネジャーがコーチを務め、マネジャー以外の年長者や専門知識を持つ従業員がメンターを務める場合、両者が従業員の組織コミットメントに与える影響は補完的であると推測される。つまり、メンタリングの効果が高まれば、コーチングの組織コミットメントへの効果は大きくなる。

　最後に、コーチングが媒介要因となっている研究を紹介する。リーら（Lee et al., 2019）は、変革型リーダーシップとワーク・エンゲージメントの関係をコーチングが媒介することを示している。変革型リーダーは、部下のキャリア開発への関心が高いため、リーダーシップ行動を通じて、部下の成長欲求に対応しようとする。そしてこのリーダーシップ行動はコーチングというコミュニケーション活動を通じて職務資源を提供するために、コーチングが媒介要因になると考えられる。

　次に、組織レベルについて述べる。第1に、松尾（Matsuo, 2018）は、チーム・リフレクションが、コーチングとチーム学習の間を媒介することを明らかにしている。チーム・リフレクションとは、チームのメンバーが、チームの目的、戦略、仕事のプロセスをリフレクションし、現在の状況、予想される内部・外部環境の状況に適応させる程度である（West, 1996）。コーチングにおけるファシリテーション行動、すなわちメンバーのアイデアを引き出す役割を果たしたり、問題を解決するために創造的に思考することを支援したりすることを、チーム・リフレクションが促していると考えられる。

　第2に、ジャオとリウ（Zhao, & Liu, 2020）は、コーチングと従業員の職場ウェルビーイングとの関係を、インサイダー・ステイタス（職場に居場所があり受容されているという感覚）が媒介することを見出した。コーチングによって、従

業員の考えやアイデアを聞くことで、従業員の興味に関心が向けられる。また、従業員の能力開発が支援され、仕事における不確実性が低減されることにより、従業員は職場に居場所があると感じることが示唆される。

　第3に、キャレルら（Carrell et al., 2021）は、コーチングとジョブ・エンゲージメントを、組織的支援（POS）が媒介していることを報告している。組織の代理人として行動するマネジャーによって行われるコーチングという支援行動は、知覚された組織サポートの一形態と見なされることから、コーチングとジョブ・エンゲージメントとをPOSが媒介しているものと思われる。

　最後に、ニューフーディら（Nyfoudi et al., 2022）は、管理職コーチングのスキルが、アーキテクチャー知識を媒介して、チームパフォーマンスにポジティブな影響を与えることを明らかにした。すなわち、巧みな管理職コーチングは、チームの解釈メカニズムまたは「知識の仲介」として機能し、チームメンバーが仕事に関連するスキーマ（すなわち、知識）を埋め込み、解釈し、結びつけることで、チームにとって有益な知識群を開発することを促進しているということであろう。

　チームの最小単位は2名である。その意味で、1対1で実施される管理職コーチングも、組織的に関連するタスクを実行するために実施され、社会的に相互作用し、パフォーマンスを上げるという共通の目的を持ち、目標、結果に対して相互依存性が存在することからチームといえる（Kozlowski, & Ilgen, 2006; Mathieu et al., 2008）。チーム研究では、チームの効果性を高めるプロセスを、感情的側面（Affect or Attitude）、行動的側面（Behavior）、認知的側面（Cognition）の3つから捉えている（Kozlowski, & Ilgen, 2006; DeChurch, & Mesmer-Magnus, 2010; Mathieu et al., 2019）。この観点からコーチングの媒介要因をまとめたのが、図1-5である。すなわち、コーチングは、マネジャーへの信頼や職場に居場所があるという「感情」を培い、リフレクションのような学習「行動」を引き出し、心理的エンパワーメントのようなモチベーションに関わる「認知」や自己効力感のような自分はタスクを遂行できるという「認知」を刺激することにより、成果につなげているものと考えられる。しかし、コーチングの媒介要因に関するこれまでの研究は十分とはいえない。例えば、コーチングが「仕事に関連したスキルや能力を部下が学習・開発できるような行動を上司・マネジャーが実施することで、学習の促進役となる」ことである（Ellinger et al., 2011）

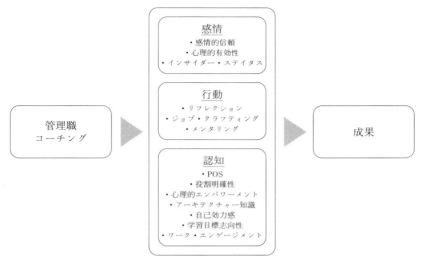

図1-5 媒介要因のまとめ

と定義されているにもかかわらず、学習を促進する重要概念であるリフレクションとの媒介関係を示した研究は少ない。また、コーチングには、部下の成長への期待を伝えたり、継続的に成長できるように励ましたりする「鼓舞」のような行動が含まれているにもかかわらず（Heslin et al., 2006）、コーチングとモチベーションの関係を明らかにする研究は少なく、さらなる研究の蓄積が必要と思われる。

1.8 管理職コーチングの調整要因

　コーチングが成果を生むメカニズムを検討する上で、どのような要素の違いが両者間の原因と結果の関係の変動を引き起こすのかを理解することは重要である。ここでは、コーチングと成果が、どのような要素により調整されているのかを整理する。第1に、チィエンら（Qian et al., 2020）は、心理的安全性がコーチングと従業員の知識共有の関係を強化することを見出した。心理的安全性とは、職場において、従業員各人の多様な考えを尊重する文化があり、問題のある事柄や困難な事案でも率直に意見を述べることができるチームの状態を指

すので、従業員間でオープンなコミュニケーションが行われることが想定でき
る。その結果、従業員の知識共有を強化するものと思われる。

第2に、リウとバット（Liu, & Batt, 2010）は、グループマネジメント（グル
ープの相互作用と協力の強化）の実践がより頻繁に行われた場合に、コーチング
と業績とのポジティブな関係がより強くなることを示唆している。

第3に、アガルワルら（Agarwal et al., 2009）は、管理職コーチングの強度が
部下の営業成績に影響を与えていたものの、コーチングの影響は、シニアレベ
ルのマネジャーよりもミドルレベルのマネジャーの方が強いことを示した。す
なわち、管理職コーチングの効果は、マネジャーの階層によって変化するもの
と考えられる。

第4に、ジャオとリウ（Zhao, & Liu, 2020）は、中国の伝統（儒教的社会倫理が
規定する伝統的な階層的役割関係を個人が支持する程度）はインサイダー・ステイタ
スを通じて、管理職コーチングと部下の職場ウェルビーイングの関係を調整し、
その効果は中国の伝統の影響が強い部下より弱い部下で強くなることを示して
いる。

第5に、ポウサら（Pousa et al., 2018）は、管理職コーチングのパフォーマン
スへの影響が、性別により異なるのかを検討し、管理職コーチングは、女性の
パフォーマンスに対する影響が大きいことを明らかにした。すなわち、管理者
コーチングのパフォーマンスへの効果は、性別により調整されており、管理職
コーチングを効果的な開発ツールとして活用するためには、受け手の性別を考
慮したアプローチを取る必要があるということである。

第6に、ラザら（Raza et al., 2018）は、パキスタンの製薬会社で働く従業員
361名のサンプルを用いて、管理職コーチングと、職場での充実（thriving at
work）の間の関係を、組織政治の影響に対する部下の知覚が調整することを示
した。すなわち、組織政治の影響に対する部下の知覚が高ければ、管理職コー
チングと職場での充実の関係は弱まるということである。以上のように、管理
職コーチングと成果の間を調整する要因として、文化、性別、職務階層、組織
文化が示されている。しかし、管理職コーチングが成果を生むプロセスを明ら
かにするためには、さらに多くの調整要因に関する研究の蓄積が必要と思われ
る。例えば、仕事の性質、部下の勤続年数・年齢なども、調整要因となる可能
性がある。

1.9 小括

　本章では、管理職コーチング研究の全体像、定義、管理職コーチング行動、先行要因、成果要因、媒介・調整要因に関する先行研究を確認した。先行研究において、管理職コーチングがどのように定義され、どのように測定され、どのようなメカニズムで価値を生み出すのかについて、研究者間の合意がほとんどないと指摘されているが（Dahling et al., 2016; Lawrence, 2017; Park et al., 2021）、本研究においても、管理職コーチング行動の定義や管理職コーチング行動を測る尺度が研究者間で十分な合意を得られていないこと、どのようなプロセスで管理職コーチングが学習や業績につながるのかが明確でないことが明らかになった。一方、管理職コーチング行動の中に、リフレクションを支援する要素が含まれていることは確認できたが、コルブ（Kolb, 1984）の経験学習モデルやギブス（Gibbs, 1988）、ALACT モデル（Korthagen et al., 2001）で提示されているような学習プロセスが明示的に組み込まれていないといえる。管理職コーチングに、成人学習研究において重視されている経験学習モデルを取り込み（Jarvis, 1987; Knowles et al., 2015）、リフレクション支援の観点から再検討することで、個人の学習メカニズムを踏まえた、より効果的なコーチング活動を明らかにすることが期待できる。そこで、次章では、経験学習とリフレクションに関する理論について整理する。

注
(1) アガルワルら（Agarwal et al., 2009）によると、エグゼクティブ・コーチングとは、特定のコンピテンシーや問題を解決するために、外部コーチが上級マネジャーを支援することである。ディベロップメント・コーチングは、マネジャーと部下の持続的な相互作用の中で行われ、マネジャーが効果的なフィードバックを提供することにより、部下が問題に対処するのを助ける活動である。このうち、ディベロップメント・コーチングは、管理職コーチングと同義である。
(2) クリティカル・インシデント法とは、第 2 次世界大戦中に陸軍航空隊の航空心理学プログラムで実施された研究から発展したものである。意見、勘、推定を集めるのではなく、観察と評価を行うのに最も適した立場にある個人から、重要なインシデント（出来事）の際の振る舞いや行動、与えた影響などをヒアリングし、これら

を収集し集計することで、活動の重要な要件を定式化する調査方法である（Flanagan, 1954）。

(3) ドゥエックとレゲット（Dweck, & Leggett, 1988）は、個人の求める目標が、出来事を解釈し行動するための枠組みを形成するとした上で、個人の能力に対して高い評価を得ることに関心のある成果目標志向性と、個人の能力を向上させることに関心のある学習目標志向性の2種類を特定している。そして、自分の知能を固定的なものと考える「実体論」と伸ばすことができるという「斬進論」という暗黙の理論が、異なる目標を追求する原因となると述べている。すなわち、「実体論」を持つ個人は成果目標を志向し、「斬進論」を持つ個人は学習目標を志向する。これらの志向の違いは、個人の行動に影響を与える。例えば、成果目標志向を持つ個人は、失敗の脅威がある場合には挑戦を避ける傾向があるが、学習目標志向を持つ個人は、難しい課題を、能力の獲得と成長のチャンスと考える。

(4) 職業的自己効力感とは、職務を遂行する能力に対する個人の自信の程度を指す（Bandura, & Walter, 1977）。

(5) LMX理論では、リーダーとフォロワーが成熟したパートナーシップを築き、その関係がもたらす多くの恩恵を利用できるようになることで、効果的なリーダーシップ・プロセスが生まれると考えられている。LMXにおける交換とは、リーダーが提供する報酬とフォロワーが提供する貢献の交換を意味している。報酬は、金銭や昇進といった明示的なものだけではなく、信頼や尊敬なども含まれ、一方、貢献には、職務上の貢献だけではなく、リーダーへの忠誠なども含まれる。フォロワーは、リーダーと相互信頼の絆で結ばれた「イングループ」と、通常の職務上の関係である「アウトグループ」が存在しており、それぞれ交換関係が異なることが報告されている（Graen, & Uhl-Bien, 1995; 石川, 2022）。

(6) 組織的支援（POS）とは、組織は自分の貢献を評価し、自分の幸福やウェルビーイングを気にかけてくれるという従業員の一般的な信念のことである。従業員が組織から受ける、公平性の高い扱い、マネジャーのサポート、報酬と職務条件などは、POSと正の相関がある。そして、組織からサポートを受けているという感覚が、従業員の仕事満足度の向上、前向きな気分、緊張の緩和などに影響する。また、従業員の組織へのコミットメントとパフォーマンスの向上、離職率の低下と関連することが明らかにされている（Eisenberger et al., 1986; Rhoades, & Eisenberger, 2002）。

(7) GTAとは、データをもとにして分析を進め、データの中にある現象がどのようなメカニズムで生じているのかを理論として示そうとする研究法である（戈木, 2016）。

(8) 変革型リーダーシップとは、①リーダーと同じように行動したいとフォロワーに思わせる模範的な行動をリーダーが取る度合いである「カリスマ性（理想化された影響力）」、②フォロワーにとって魅力的で刺激的なビジョンをリーダーが明確に示す度合いである「モチベーション鼓舞」、③リーダーが既存の概念や価値観の中に内在する思い込みに挑戦し、リスクを取り、フォロワーの創造性を刺激する度合いである「知的刺激」、④フォロワーひとりひとりのニーズに配慮し、フォロワーのメン

ターまたはコーチとして行動し、フォロワーの懸念やニーズに耳を傾ける度合いである「個別的配慮」により構成される（Judge, & Piccolo, 2004）

(9) ジョブ・クラフティングとは、個人が自らの仕事のタスクや関係性の境界線に物理的・認知的な変更を加え、新たな仕事を創造することである。仕事に従事する際のやり方や数を変えるタスク・クラフティング、仕事をする中で接する人間関係を変更する関係性クラフティング、仕事に対する見方を変更する認知的クラフティングにより構成される（Wrzesniewski, & Dutton, 2001）。

(10) クリティカル・リフレクションとは、問題を解決するためのプロセスや方法に関する仮説を批判的に検討することである（Mezirow, 1990）。

(11) 役割内行動に対するものとして、役割外行動がある（Williams, & Anderson, 1991）。

(12) 主体的キャリア行動は、①将来のキャリアを形成するための取り組みや介入を指す「キャリアプランニング」、②タスクの習得のための取り組みや介入である「能力開発」、③他者からの情報、助言、助力を求める取り組みや介入である「コンサルテーション」、④情報、助言、支援を求める対人ネットワークを構築する取り組みや介入である「ネットワーキング」により構成される（Claes, & Ruiz-Quintanilla, 1998）。

(13) 心理的有効性とは、必要とされる状況で個人的に関与するための身体的、感情的、または心理的資源を持っているという感覚のことである。

(14) 知識共有とは、タスクに関連した情報や経験を他者に提供することである。また、タスクを達成したり、新しいアイデアを開発したり、方針や手順を実施したりするために同僚や上司と協力することである。

(15) 感情的信頼とは、相手の幸福に対する真の関心と配慮に基づく、個人間の感情的結びつきを指す（McAllister, 1995）。また、メイヤーら（Mayer et al., 1995）によると、信頼はマネジャーの「能力の信頼性」、マネジャーの一貫性のある行動などを評価する「誠実の信頼性」、マネジャーが部下の利益のために行動することにより評価される「博愛の信頼性」により構成されている。

(16) IMFSB（印象管理フィードバック探索行動）とは、マネジャーの注意を自分の成功した業績に向けさせ、業績に対する肯定的な言語フィードバックを引き出そうとする戦略を部下が使う程度のことである。

(17) 人的資本経営とは、企業の競争力の源泉が人材となっている中、持続的な企業価値の向上のために人的資本を重視する経営のことである。人的資本経営を実践するために、自社にとって重要なエンゲージメント項目を整理し、従業員のエンゲージメントレベルを定期的に把握することが求められている（経済産業省，2022）。

(18) チームリーダーに対しては「私は学習と開発を自分の主要な責任のひとつとして捉えている」、チームメンバーに対しては「チームリーダーは学習を自分の主要な責任のひとつとして捉えている」などの尺度により測定されている。

(19) シッパーズら（Schippers et al., 2015）は、チームのリフレクションの機能として、メンバーがチームの目的、戦略、プロセスを振り返ることで、改善や作業のた

64　第Ⅰ部　管理職コーチング、経験学習・リフレクションに関する先行研究

めの新しいアイデアを生み出し、そのアイデアを共有することができると述べている。

(20) チームの学習とは、チームが仕事のプロセスを導入・改善し、チームメンバーを育成し、タスクのパフォーマンスを向上させる度合いのことである。なお、エドモンドソン（Edmondson, 1999）は、チームの学習プロセスを、質問する、フィードバックを求める、実験する、結果を振り返る、エラーや予想外の結果について議論するなどを特徴とする、リフレクションと行動の継続的なプロセスとして概念化した。

(21) 顧客志向とは、販売員が、顧客の不満を招く行動を避け、長期的な顧客満足を高めることを意図し、顧客のニーズを満たすより良い購買決定を顧客が下すのを助けるために、自分の行動をどの程度適応させようとするかを意味する。

(22) OISC（Organizational Investments in Social Capital）とは、マネジャーや会社が職場環境（社会関係資本）を良くするための実践・行動のことである。

(23) コーチングとメンタリングの間には違いがある。メンタリングは、年長者や専門知識を持つメンターが、年少者や経験不足のプロトジェ（指導対象者）に心理的支援や社会的資源を提供し、成長やキャリア開発を追求することである。一方、コーチングでは、コーチは年長者や専門家である必要はない。水平的かつ協力的な関係を目指し、仕事の成果にタイムリーなフィードバックを提供することを目的としている（Woo, 2017）。

第**2**章　経験学習・リフレクションに関する理論

　リフレクションについてはこれまで多くの研究者により説明されてきた。しかし、その概念の捉え方は多様である（Hatton, & Smith, 1995）。そこで以下では、経験学習・リフレクションに関する先行研究を確認した上で、経験学習における中心的な理論であるコルブ（Kolb, 1984）による経験学習サイクルを説明し、このモデルを改訂したギブス（Gibbs, 1988）とコルトハーヘンら（Korthagen et al., 2001）のモデルを概観する。その上で、経験学習およびリフレクションに関する研究課題を提示する。なお、本研究では、ハットンとスミス（Hatton, & Smith, 1995）に基づき、リフレクションを「行為を改善することを目的とした認知的活動」と定義する。

2.1　デューイの経験学習

　教育哲学者のジョン・デューイは、経験学習に関する理論を提示すると同時に、成人教育における内省概念の創始者であると見なされている（Lundgren, & Poell, 2016）。デューイ（Dewey, 1938）は、過去に生み出された知識や技能、道徳を生徒に移植することが教育であると考える伝統的な教育観を批判し、新たな教育論を提示した。その中核となる概念が経験とリフレクションである。以下ではデューイ（Dewey, 1938）の経験とリフレクションについての考察を概観する。

　デューイ（Dewey, 1938）は、教育が経験を基礎とするためには「経験の理論（原理）」が必要であると考えた。経験学習における第1の原理は「相互作用の原理」である。相互作用の原理とは、個人を取り巻く環境（客観的条件）と、個人の内面（内的条件）との相互作用から経験が成り立っているという前提に立ち、この外部環境に対して個人が主導権を握り積極的に働きかけることを指す。例えば、営業担当者は、顧客のタイプ、競争相手の動き、上司からの要望

など、様々な要素からなる環境に置かれているが、これらの状況についてよく考えて、自身の営業活動のあり方を選択するとき、個人と環境の間に相互作用が生じると考えられる。身の回りで生じている出来事・事象・状況に対して、個人が疑問・ためらい・当惑・困難さを感じ、それらを解決するために能動的に探索・探求・追求するとき、相互作用が活発化し、学習を促す経験となるのである（Dewey, 1933; Peltier et al., 2005）。

　経験学習における第2の原理は「連続性の原理」である。連続性の原理とは、過去の経験から学んだ知識、スキル、認知が、その後の経験の質を高めることを意味する。例えば、ある経験によって得た知識・スキルが、次の経験における状況を理解したり、問題を解決したりするために利用されるとき、経験が連続していると見なされる。経験は螺旋状に連続しており、経験を積み重ねていくことにより人の知識・スキル・認知が発展するという。すなわち、問題の状況を探求するヒントや解決策は無から生じるものではなく、過去の経験から導き出されるのである（Dewey, 1933; Heusinkveld, & Reijers, 2009）。

　これら相互作用と連続性は、経験の縦の側面と横の側面である（Dewey, 1938）。すなわち、ある状況において、主体的・自律的に学んだ知識や技能が、それに続く状況を理解し、効果的に処理する道具になるという意味において、相互作用の原理と連続性の原理は密接につながっているといえる。なおデューイ（Dewey, 1938）は経験と学習をつなぐ概念として科学的方法の必要性を指摘しており、その際にリフレクションが重要な働きをすると述べている。

　科学的方法とは、まず経験に基づいて仮説を立て、次に行為の結果を観察し、仮説を検証する。最後に検証を踏まえてリフレクションし、真の意味を引き出し、その後の状況に備えることである。デューイ（Dewey, 1938）は、このリフレクションこそが経験の知的組織化の精髄であり、訓練された知性の真髄であるとし、経験をリフレクションし絶えず再構成し続けることが成長の本質であると主張している。その上でデューイ（Dewey, 1933）は、リフレクションとは「検証されていない知識や個人が持つ信念を積極的、永続的にかつ注意深く考察することで、さらなる結論を導くものである」と定義している。

2.2 行為の中の内省

デューイ（Dewey, 1933）の考え方に影響を受け、行為の最中に不確実で不安定な独自の状況と対話する「行為の中の内省（reflection in action）」の重要性を提示し、経営組織論の分野でリフレクションの概念を深めたのがショーン（Schön, 1983）である。ショーン（Schön, 1983）は、過去に積み重ねられた知識体系を現場に適用することで問題解決を図ろうとする「技術的合理性モデル」では現場の課題を解決できないと批判した。ショーン（Schön, 1983）によれば、複雑な課題を解決するためには、「行為の中の内省」が必要となる。具体的には、「自分が活動している状況と対話しながら、状況を意味づけ（評価）、問題解決の手立てを考え（行為）、さらに状況を意味づける（再評価）というステップを繰り返していくこと」が「行為の中の内省」であり、「評価→行為→再評価」というプロセスを通して問題を解決することを内省的実践（reflective practice）と呼んでいる。ショーン（Schön, 1983）は、「行為の中の内省」の特徴として、以下のような点をあげている。

まず、「行為の中の内省」は一種の実験であると考えられている。実験とは一般的に、行為によって導かれるものを確認する行動を取ることであるが、ショーン（Schön, 1983）の考える実験は、次の3つの機能を含んでいる。第1に、予測や期待をせずに、何が起こるのかを確かめるためだけに行われるのが探査的実験である。例えば、科学者が見慣れない物質がどのような反応を示すかを確かめたり、芸術家が色を並べてどのような効果が出るのかを確かめたりすることがこれにあたる。第2に、意図した結果が生み出されるかどうかを試す、手立てを試す実験である。例えばチェスの選手が、クイーンを守るためにポーンを前進させて相手選手の反応を確認することがこれにあたる。第3に、いくつかの仮説から、予測される結果が得られるかどうかを試す仮想実験である。例えば建築デザインにおけるスケッチブック上での作図のように、実践の前に「仮想」の中で、問題を解決するためのシミュレーションをし、その結果を省察しながら吟味検証し実践に役立てようとすることがこれにあたる。デューイ（Dewey, 1933）によれば、単に行為をすれば学習が生じるわけではなく、学習のためには実験（experiment）が必要であり、ショーン（Schön, 1983）の「行為

の中の内省」もこの実験に近い概念である（Van Woerkom, & Croon, 2008）。

　また、「行為の中の内省」においては、過去に蓄積された事例、イメージ、理解、行動といったレパートリーをそのまま適用するのではなく、一時的な解決策と見なし検証することが重要になる。つまり内省的実践者は、すでに解決したことのある問題の解決方法など自分のレパートリーを参考にしながら直面している問題を解決しようとする。すなわち、技術的問題解決モデルに従う実践者は、すでに知っている問題解決策を状況に当てはめる「マッピング」を行いがちであるが、内省的実践者は、過去の経験に基づく知識・情報・スキルをそのまま状況に当てはめてしまうことは避け、あくまでもレパートリー内にある仮説と「見なす」（see-as, p.140）ことで当該状況を評価するのである。

　なお、デューイ（Dewey, 1933）の考え方に影響を受けているショーン（Schön, 1983）は、知識創造や学習につながる経験プロセスを理解する上で、リフレクションが強力な手段となると信じている（Cotter, & Cullen, 2012）。その際、内省的実践に従事するには、実践者が自分自身のリフレクション・プロセスに主体的かつ謙虚な気持ちで疑問を抱く「情熱的な謙虚さ（passionate humility）」をもって関わるべきであるという、能動的で学習者中心のリフレクションが重要になると考えられる（Gray, 2007; Yanow, 2009）。

2.3　クリティカル・リフレクション

　コルブ（Kolb, 1984）は、経験から学ぶためにはリフレクションが必要であると述べているが、リフレクションのタイプについて明確にしているわけではない。しかし、経験を意味づけるリフレクションと、すでに持っている信念・価値観・前提の妥当性を検討するクリティカル・リフレクションは区別すべきである（Gray, 2007）。同様に、レイノルズ（Reynolds, 1998）は、タスクや問題の詳細に焦点を当てる内省と、当該タスクや問題の背景にあり、当然と思われていることを検証するクリティカル・リフレクションは質的に異なるとし、両者を明確に区別している。また、ヴァンマーネン（Van Manen, 1977）は、内省を、手段の効率性と有効性を高めるための技術的リフレクション、手段だけではなく、目標や仮定、実際の結果についても公平に検討する実践的リフレクション、

道徳的・論理的基準を含めて活動が公平なものであるかを振り返るクリティカル・リフレクションに分けて考えている。

　また、カンリフ（Cunliffe, 2004）は、アージリス（Argyris, 1991）によって提唱されたシングルループ学習とダブルループ学習の考え方を活用して、リフレクションとクリティカル・リフレクションの違いを以下のように説明している。すなわち、問題解決や問題特定、誤りの修正に力点を置くシングルループ学習においてはリフレクションが行われ、前提、価値、既存の理論を批判的に検討するダブルループ学習においてはクリティカル・リフレクションが行われるという。その上でリフレクションを「私たちが持っている仮説やこれまでの行動、それらによって生じた影響をより広い観点から検証したり、揺らぎを与えたりすることである」と定義している（Cunliffe, 2009）。

　さらに、ケンバーら（Kember et al., 2000）は、リフレクションには、「習慣的行動」「理解」「リフレクション」「クリティカル・リフレクション」というレベルがあると述べている。「習慣的行動」とは、これまで習得してきたスキルを頻繁に使用することにより、ほとんど無意識的・自動的に仕事をしており、リフレクションが存在しない状態である。「理解」とは、すでに持っている知識を利用して仕事をしており、その知識を評価したり、見直したりしないで仕事をしている状態であり、リフレクションがない、もしくは浅い状態である。「リフレクション」とは、仕事を処理するためのやり方に疑問を持ち、より良い方法を考え、改善しながら仕事を進めている状態であり、リフレクションが実行されている。「クリティカル・リフレクション」とは、これまでの常識や染み付いた思い込みを根本的に見直した上で仕事を進めることで、深いリフレクションが行われている状態である。

　なお、ショーン（Schön, 1983）が提唱した内省的実践には、クリティカル・リフレクションの考え方が含まれている。すでに述べたように、内省的実践においては、過去に蓄積された事例、イメージ、理解、行動といったレパートリーをそのまま適用するのではなく、一時的な解決策と見なし検証することが重要である。すなわち、単に権威的な考え方に基づいて答えを究明するのではなく、行為の中で、他の解決策を模索し、探求する態度が重要になる（Yanow, & Tsoukas, 2009）。

　ここで留意すべきことは、クリティカル・リフレクションが変容的学習

70　第 I 部　管理職コーチング、経験学習・リフレクションに関する先行研究

(transformative learning) を促すという点である (Mezirow, 1990)。変容的学習とは、個人の信念の前提を再評価し、新しいものの見方を生成し、行動の基本を変化させていくことであり、変容的学習のためにはクリティカル・リフレクションが欠かせない (Mezirow, 1990)。メジロー (Mezirow, 1990) は、デューイ (Dewey, 1933) の定義の中にも「自身の信念の正当性を評価すること」、すなわち、クリティカル・リフレクションの要素が含まれていることを指摘しており、その上で、リフレクションを「問題を解決するためのプロセスや方法に関する仮説を批判的に検討することである」(Mezirow, 1990) と定義している。変容的学習 (Mezirow, 1990) の概念は、成人学習や経営学において幅広く参照されている (Lundgren, & Poell, 2016)。

2.4　コルブの経験学習理論

　成人学習において最も影響力のある理論がコルブ (Kolb, 1984) の経験学習理論である (Vince, 1998; Kayes, 2002)。コルブ (Kolb, 1984) は、経験学習を「具体的経験の変換を通じて、知識が創出されるプロセス」と定義した上で、次の6つの前提を示した。①学習は、結果ではなく、プロセスとして捉えるべきである。②全て学び直しである。出来事に関する個人の信念や考えを引き出し、それを検証し、新しい、より洗練された考えと統合できるようにするプロセスによって、最も効果的に促進される。③対立する現実に適応するためのモードを個人が弁証法的に解決することが必要であり、葛藤、相違、不一致こそが、学習プロセスの原動力である。④全体的な適応のプロセスであり、認知だけではなく、思考、感情移入、知覚、行動といった、人に関わる総合的な学習機能である。⑤人と環境の間の相乗的な相互作用から生じる。⑥知識を創造するプロセスである (Kolb, & Kolb, 2005)[1]。

　コルブ (Kolb, 1984) は、レヴィン (Lewin, 1951)、デューイ (Dewey, 1938)、ピアジェ (Piaget, 1970) の研究に基づき、「経験学習モデル」を提示している。コルブ (Kolb, 1984) のモデルは図 2-1 に示すように、お互いに連動した「具体的経験」「内省的観察」「抽象的概念化」「積極的実験」の 4 つのステップから構成されており (Kolb 1984)、具体的には以下のように説明することができる[2]。

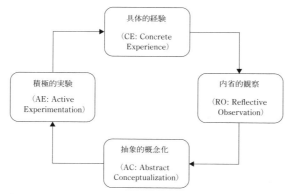

図 2-1 コルブ（Kolb（1984））の経験学習モデル

　第1ステップである「具体的経験」において、個人は出来事や事象に関わり、その状況を感覚的に捉える。ただしこの段階での経験は直感的なレベルにあり、思考することや理論化することよりも、現実をそのまま受け止めることに重点が置かれる。

　第2ステップの「内省的観察」において、個人は状況を注意深く観察することで、状況の意味を理解する。つまり、何が事実で、物事がどのように生じたかを理解することが、この段階の焦点となる。

　第3ステップである「抽象的概念化」において、個人は、論理的で科学的な思考を通して、状況やアイデアをより厳密に分析することにより、自分なりの理論や教訓を導く。

　第4ステップの「積極的実験」において、個人は経験から引き出された理論や教訓を新しい状況に適用することで、積極的に状況を変化させ、物事を成し遂げる。これは、新たな経験を積み、学習の新たなサイクルを誘発し、新しい学びを、どこでどのように実践的に使えるのかを見極めるために有用である（Ng et al., 2009; Helyer, 2015）。

　すなわち、具体的な経験の後、その経験を観察・リフレクションすることを通して、抽象的な概念や理論を形成し、それを将来の状況で活用するとき、人は適切な形で経験から学んでいるといえる。このモデルからわかるように、経験学習において、リフレクションは重要な役割を果たす。

　しかし、コルブ（Kolb, 1984）の経験学習モデルは、最もよく開発・研究され

ているものとして評価を受けている一方で（Armstrong, & Mahmud, 2008）、いくつかの点において批判されている。第1に、コルブ（Kolb, 1984）のモデルは、リフレクションのプロセスを明確に示していないという指摘がある。例えば、ミエッティネン（Miettinen, 2000）は、「実践における仮説の検証、習慣やこれまでの方法についての混乱なしに内省的思考はない」というデューイ（Dewey, 1938）の指摘をコルブ（Kolb, 1984）が適切に解釈していないことを批判している[3]。これまでの方法に混乱が生じる、根本的問題解決（＝反省的分析）は、あらゆる経験的学習のプロセスの一部であるべきだという強い主張もある（Miller, & Maellaro, 2016）。第2に、ヴィンス（Vince, 1998）は、コルブ（Kolb, 1984）のモデルは、学習を促すきっかけとなる、不安、恐れ、疑問などの感情のプロセスが明確でないと述べている。自分自身に対する否定的な感情は、学習に対する大きな障壁となる（Boud et al., 2013）。また、感情は学習を刺激することも、抑制することもできるという指摘もあり（Gilmore, & Anderson, 2011）、感情のプロセスを明確に示す必要があると思われる。第3に、コルブ（Kolb, 1984）のモデルは、自分自身の信念を疑うメタレベルのプロセスが含まれておらず、クリティカル・リフレクションなどの2次プロセス、またはメタ学習プロセスを提案していないという批判がある（Vince, 1998; Reynolds, 1998）。このような批判を踏まえ、チャン（Chang, 2017）は、習慣的な思考と行動のパターンを修正するために、アンラーニングのプロセスを経験学習モデルに含めるべきだと主張している。第4に、ケイズ（Kayes, 2002）は、社会的要因に対する考慮の欠如を指摘している。個人の中に学習を完全に位置づけることはできず、他者との協働が学習の基礎であり、さらに感情や不安を他者が受け止め、理解することができれば、個人や集団のリフレクションを促進する学習プロセスを活性化することができるという指摘もある（Holman et al., 1997; Gilmore, & Anderson, 2011）。

　こうした批判に対応する形でいくつかのリフレクション・モデルが提示されてきた。以下では、その代表的なモデルであるギブス（Gibbs, 1988）のリフレクティブサイクル・モデルと、コルトハーヘン（Korthagen et al., 2001）のALACTモデルを概観する。

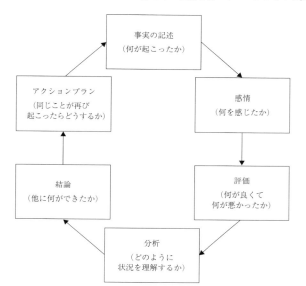

図 2-2 ギブスのリフレクティブサイクル・モデル
(ギブス (Gibbs, 1988) およびフィンリー (Finlay, 2008) に基づいて作成)

2.5 ギブスのリフレクティブサイクル・モデル

　リフレクションに焦点を当てて、コルブ (Kolb, 1984) モデルを改定したのがギブス (Gibbs, 1988) である。感情、思考、将来の行動に焦点を当てたギブス (Gibbs, 1988) のリフレクティブサイクル・モデルは、個人の内省プロセスをガイドするものであり、ケーススタディ、ゲーム、ロールプレイ、シミュレーションを含む様々な教育方法に活用されており (Husebø et al., 2015)、学習者が経験や活動の段階について体系的に考えることを促すことができる (Helyer, 2015)。

　ギブス (Gibbs, 1988) は、構造的な内省を促進するための方法として、図 2-2 に示すように「事実の記述」「感情」「評価」「分析」「結論」「アクションプラン」の 6 つのステップから構成されるリフレクティブサイクル・モデルを提示している。以下、ギブス (Gibbs, 1988) のリフレクティブサイクル・モデルをステップごとに解説する。

①事実の記述

　事実の記述のステップは、出来事に対する判断を下したり結論を出したりする前に、「何が起こったか」「何をしたか」について、ありのままの事実を記述することを目的としている。すなわち、何があったのかを「より詳細に、より正確に」記述することが重要になる。

②感情

　感情のステップは、「何を感じたか」「どう反応したか」などを振り返ること、すなわち、個人の内部で生じていた状態を思い出すことに主眼が置かれている（Potter, 2015）。自分の感情や考えを整理しないまま分析のステージに移行することは避けなければならない。また、「ストレスを感じたか」（Husebø et al., 2015）、「関係した他者の感情はどうだったか」（Wilding, 2008）についても振り返ることが重要である。なお、感情は学習を刺激することも、抑制することもできるが（Gilmore, & Anderson, 2011）、否定的な感情は、リフレクションを妨げることがあるため、整理する必要がある（Boud et al., 1996）。

③評価

　評価のステップは、出来事や行動について「何が良くて、何が悪かったか」といった価値判断をすることを目的としている。具体的には、「対応は簡単だったのか、難しかったのか」「その経験のポジティブな面や挑戦的な面は何か」（Paterson, & Chapman, 2013）について振り返る。

④分析

　分析のステップは、状況を理解し、出来事の原因を考えることに焦点が当てられる。具体的には、「なぜ、その出来事は起こったのか」「過去に似たような経験をしたことがあるか」「他者の経験と似ているのか、違っているのか」などを精査することになる。すなわち、個人的な解釈や意味づけをすることがこのステップの目的である（Fakude, & Bruce, 2003）。

⑤結論

　結論のステップは、経験および分析からどのような結論が得られるかを考え

ることに主眼が置かれている。具体的には、「他に何かできることはなかったのか」「その経験から何を学んだのか」（O'Brien, & Neal, 2010）などを考察する。

⑥アクションプラン

アクションプランのステップは、「もう一度、同様のことが起こったら、どうするか」「出来事から学んだことを、次にどのような状況で活用するのか」を考えることを目的としており、将来類似の状況に置かれた際に、別の新しい行為が可能かどうかを考えることが重要になる（Beam et al., 2010; Paterson, & Chapman, 2013）。

6ステップからなる、このモデルの特徴は、「事実の記述」と「感情」が組み込まれている点にある（Husebø et al., 2015）。これによって、事実に対する個人の憶測や誤解を減少させることができる（Fakude, & Bruce, 2003）。すなわち、ギブス（Gibbs, 1988）のモデルは認知主義の考え方に基づいているが、学習の情緒的側面に焦点を当てている点に特徴がある（Husebø et al., 2015）。ギブス（Gibbs, 1988）によれば、個人は、出来事を表面的にしか見なかったり、十分なリフレクションや分析をせずに、早まった結論を出したりしてしまいがちである。また、リフレクションをしない場合には経験は忘れ去られてしまうか、学習効果が失われてしまうことが多く、これを避けるためには、事実や感情の適切な確認を踏まえ、分析をしたり結論を出したりする必要があるという。すなわち、客観的に事実を確認し、感情を整理することは、経験をリフレクションし、学習に結びつける上では欠かせないといえる（Gibbs, 1988）。

一方、ギブス（Gibbs, 1988）のモデルには、すでに持っている信念・価値観・前提の妥当性を検討するクリティカル・リフレクションが組み込まれていない。フィンリー（Finlay, 2008）は、このモデルは構造的なリフレクションに役立つが、より広範な、クリティカル・リフレクションのアプローチが必要であると主張している。また、ヒューセボら（Husebø et al., 2015）は、このモデルの限界は、より質の高いリフレクションをするための指針を提供していないことであり、場合によっては、表面的なリフレクションだけを促す可能性があることを指摘している。

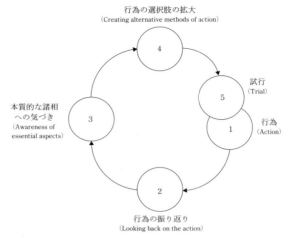

図 2-3　ALACT モデル

2.6　ALACT モデル

　ギブス（Gibbs, 1988）のリフレクティブサイクル・モデルがリフレクションのプロセスを詳細に記述したのに対し、抽象的な概念の役割を過度に強調しているというコルブ（Kolb, 1984）のモデルの問題（Korthagen et al, 2001; Vince, 1998）に対応するために提案されたのが、コルトハーヘンら（Korthagen et al., 2001; Korthagen, 2010b）による ALACT モデルである[4]。

　具体的には、図 2-3 に示すように「行為（Action）」「行為の振り返り（Looking back on the action）」「本質的な諸相への気づき（Awareness of essential aspects）」「行為の選択肢の拡大（Creating alternative methods of action）」「試行（Trial）」の 5 つのステップから構成される ALACT モデルを提示した。ALACT モデルをステップごとに説明すると以下のようになる。

①行為

　「行為」とは、自分の達成したかったこと、注意を向けたこと、試したかったことを、自分の行為の中から探索することを意味する。なお、実行した行為だけではなく、より認知的な方法で「行為」と向き合うことも可能である。コ

表 2-1　「行為の振り返り」の局面で有効な具体化のための質問

0. 文脈はどのようなものでしたか？	
1. あなたは何をしたかったのですか？	5. 相手は何をしたかったのですか？
2. あなたは何をしたのですか？	6. 相手は何をしたのですか？
3. あなたは何を考えていたのですか？	7. 相手は何を考えていたのですか？
4. あなたはどう感じたのですか？	8. 相手は何を感じていたのですか？

ルトハーヘンら（Korthagen et al., 2001）は、ある状況の中での自身の振る舞いやその状況についての考え、そしてそれらに伴う感情や欲求に気づきを促すための質問として表 2-1 を提示している。

②行為の振り返り

「行為の振り返り」とは、自分のしたかったこと、思い考えたこと、感じたことについて省察することである。具体的には、表 2-1 に示した 8 つの問いに答えることにより、「行為の振り返り」を満遍なくおこなうことが可能となる。これらの 8 つ問いは、自分と相手の間に生じる可能性のある循環的なプロセスを分析するためのものであり、8 つ質問に対する答えを比較分析することで、状況の本質的な側面が具体化される。例えば、あなたの感情がどのようにあなたの行動を決定づけていたか、それらのあなたの行為が相手の感情や望みにどのような影響を及ぼし、相手のふるまい方を変えたかを分析することで省察は深まる。また、行為や思考だけではなく「あなたはどう感じたのですか？」「相手は何を感じていたのですか？」のように感情についての質問することにより、その裏にどのような価値観・信念・思い込みが隠されているかを振り返ることが可能となる。

③本質的な諸相への気づき

「本質的な諸相への気づき」とは、出来事が自分にとってどのような意味を持つか、問題は何か、発見の有無を考察することにより、問題の本質を認識し、現実の問題を明確に構造化して理解することを意味する。その際に、過去の類似する経験から構成される、無意識的で言語化できていない癖や咄嗟の判断などを意識化した上で、認知的枠組みとして理解し、論理的に整理することが重要である（Korthagen, 2010a）。

④行為の選択肢の拡大

「行為の選択肢の拡大」とは、状況の本質が明らかになった後、別の選択肢としてどのようなものが考えられるか、それぞれの選択肢の利点と欠点は何か、次の行為はどのようにしようと決心したかを考察し、最適な道筋を選択することを意味する。

⑤試行

「試行」とは、これまでのステップを踏まえて、自分は何を達成したかったのか、特に何に注意したかったのか、何を試してみたかったのかを省察し、次なる「行為」に向かうことを意味する。

このモデルについて、コルトハーヘンら（Korthagen et al., 2001）は次の点を指摘している。第1に、ALACTモデルは螺旋構造を描いており、個人がこのステップを習慣化し、省察を通して自分たちの経験から学ぶ技術を獲得したなら、個人は成長し続ける力を持つことになる。第2に、指導者が個人にリフレクションを促す際には、「行為の振り返り」のステップにおいて「安心感」を与える指導スキルが必要である。安心感を与えるスキルとは、個人を受容し、共感し、誠実に振る舞い、具体的な出来事や感情についてのリフレクションを促すスキルを指す。

2.7　3つのモデルの比較

これまで、コルブ（Kolb, 1984）の経験学習モデル、ギブス（Gibbs, 1988）のリフレクティブサイクル・モデル、コルトハーヘンら（Korthagen et al., 2001）のALACTモデルを概観した。表2-2はこれらのモデルの違いを示したものである。すなわち、コルブ（Kolb, 1984）の経験学習モデルは、プロセスが4ステップでまとめられており、シンプルでわかりやすいが、リフレクション・プロセスや教訓化のプロセスが明確にされていない。ギブス（Gibbs, 1988）のリフレクティブサイクル・モデルは、リフレクションのプロセスを細分化し、事実と感情を踏まえた上で評価のステップに移行すべきであることを示しており、学

第 2 章　経験学習・リフレクションに関する理論　79

表 2-2　経験学習モデル、リフレクティブサイクル・モデル、ALACT モデルの比較

モデル プロセス	Kolb（1984）	Gibbs（1988）	ALACT モデル （Korthagen et al., 2001）
経験（行為）	具体的経験		行為
内省	内省的観察	事実の記述	行為の振り返り
		感情	
		評価	
		分析	
概念化・計画	抽象的概念化	結論	本質的な諸相への気づき
		アクションプラン	行為の選択肢の拡大
意図的な行為	積極的実験		試行

習を促すきっかけとなる、不安、恐れ、疑問などの感情のプロセスが明確でないというコルブ（Kolb, 1984）モデルへの批判（Vince, 1998）に応えている。一方で、経験による教訓化のプロセスが不明確である。コルトハーヘンら（Korthagen et al., 2001）の ALACT モデルは、「本質的な諸相への気づき」「行為の選択肢の拡大」という形で教訓化のプロセスを組み込んでいる点が長所であるが、「事実の確認」「感情」というリフレクションのプロセスが明示されていない。以上のように、リフレクションに関する考察を概観したが、ALACT モデルは教師育成を意識しているものの、3 つのモデルはいずれも個人の学習を促すリフレクション・プロセスを説明するものであり、他者のリフレクションを支援する行動が明示的に組み込まれているわけではない。

　なお、リフレクションの支援が必要となるのは、個人が事実を正確に把握していなかったり、適切な行為の選択肢を持っていなかったりするケースが存在するからである（Kori et al., 2014）。同様に、中原（2012a, 2012b）も、個人が職場において成長するためには、他者からのリフレクション支援が必要であると指摘している。

2.8　経験学習・リフレクション研究の課題

　すでに述べたように、コルブ（Kolb, 1984）の経験学習モデルは、学習における社会的要因の重要性を考慮していないと指摘されており（e.g., Reynolds, 1998; Kayes, 2002; Becker, 2005; 中原, 2012a）、この指摘はギブス（Gibbs, 1988）および

コルトハーヘンら（Korthagen et al., 2001）の ALACT モデルにも当てはまる。例えば、レイノルズ（Reynolds, 1998）は、コルブ（Kolb, 1984）の経験学習モデルが、単純化されすぎていて、社会的・文化的・制度的側面を無視していると述べている。このうち、社会的側面に関して、上述した３つのモデルでは、職場における他者からの支援を媒介とした学習が明示されていない点が課題として指摘されている（中原, 2012a, 2012b）。

　例えば、職場における能力形成を支えているのは、上司・同僚・先輩といった様々な社会化エージェントから付与される「内省支援」であることが報告されている（中原, 2010）。具体的には、若手従業員は、職場内の他者から①業務に関する助言指導である「業務支援」、②仕事のあり方を客観的に振り返らせる「内省支援」、③精神的な安息を提供する「精神支援」の３つの支援を受けている。この中で最も影響力を持っているのが「内省支援」であり、「内省支援」をいかに職場内の他者から得るかということが若手従業員の能力向上にとって大きな要因になることが明らかにされている（中原, 2010, 2012a, 2012b）。

　同様に、松尾（Matsuo, 2014）は、部下育成行動を因子分析によって「リフレクション支援（promoting reflection of results）」「進捗確認（monitoring progress）」「ポジティブ・フィードバックの提供（providing positive feedback）」「目標のストレッチ（stretching objectives）」に分類した上で、育成能力の高いマネジャーほど、これら４つの指導を実施する傾向にあったことを報告している。加えて、マンら（Mann et al., 2009）は、学習環境にはリフレクションや内省的思考を促進したり抑制したりする効果があり、その要因は、指導者や監督者の行動であることを指摘している。

　社会的側面の重要性については、以下のような指摘もある。ホールマンら（Holman et al., 1997）は、社会構成主義[5]の観点から、コルブ（Kolb, 1984）の経験学習モデルを批判している。具体的には、学習にとって重要なのは、個人を構成する、個人と個人との社会的関係であり、言語使用により発展し、維持され、構築される関係である。すなわち、個人の中に学習を完全に位置づけることはできず、自分自身との、また他者との協働作業における実践的な議論が学習の基礎であると述べている。同様に、真のリフレクションは、個人的な認知的活動から社会的相互作用へと移行したときにのみ生じ、そのためには、学習者が自分の知識ベースを再定義するのを助ける、他者によるファシリテーショ

ンや他者との対話が必要であるという指摘がある（Baker et al., 2005; Gray, 2007; Miller, & Maellaro, 2016）。さらに、レイリン（Raelin, 2002）は、個人は自分の行動とその結果について気づいておらず、これを回避するには、オープンな対話における他者のサポートやフィードバックが必要であると述べている。加えて、ジョンソンら（Johnson et al., 2018）は、経験学習を効果的な能力開発につなげるためには、個人のリフレクションを継続的に支援し、定期的かつ効果的なフィードバックを通じて、経験学習を構造化し、明確に管理する必要があるとする。また、能力を確実に維持するために、新しいスキルを繰り返し適用する機会も必要であると主張している。

中原（2010）、松尾（Matsuo, 2014）、およびマンら（Mann et al., 2009）が指摘するように、職場におけるマネジャーや同僚は、従業員のリフレクションに影響を与えている。また、学習における社会的側面の重要性が指摘されていることから、マネジャーが部下の経験学習およびリフレクションをいかに支援しているかを検討する意義は大きいといえる。

2.9　リサーチ・クエスチョン

管理職コーチング、経験学習、リフレクションに関する先行研究をレビューした結果、次のような課題が明らかになった。第1に、リフレクションに関するモデルには、個人のリフレクション・プロセスは示されているものの、リフレクションを支援し部下の学習を促すメカニズムが検討されていないという点である。第2に、管理職コーチングのモデルには、リフレクション支援に該当するコーチング行動が含まれているものの、リフレクション支援のプロセスが明示化されているわけではないという点である。こうした課題を踏まえ、本研究では、次のリサーチ・クエスチョン（RQ）を提示したい。

RQ：マネジャーは、部下の成長を促すために、どのようなプロセスによって経験学習・リフレクションを支援し、どのような効果を与えているのか。

具体的には、ギブス（Gibbs, 1988）、コルトハーヘンら（Korthagen et al., 2001）のモデル、およびコーチングにおけるファシリテーションの観点からリフレクション支援のプロセスを検討する。このリサーチ・クエスチョンを検討することで、管理職コーチング研究と経験学習・リフレクション研究を統合する形で、管理職コーチングによる、部下の経験学習・リフレクション支援のプロセスを明確にすることができると思われる。

2.10　小括

本章では、デューイ（Dewey, 1938）、ショーン（Schön, 1983）、メジロー（Mezirow, 1990）などのクリティカル・リフレクションに関する理論を示した上で、コルブ（Kolb, 1984）、ギブス（Gibbs, 1988）、コルトハーヘンら（Korthagen et al., 2001）による経験学習およびリフレクションのモデルを概観し、それぞれのモデルの優れている点と、どのような批判があるかについて解説した。さらに、前章で説明した管理職コーチングに学習理論の裏づけが不足している点と、経験学習・リフレクションに関する理論で社会的要因による影響が考慮されていない点を統合し、「マネジャーは、部下の成長を促すために、どのようなプロセスによって経験学習・リフレクションを支援し、どのような効果を与えているのか」という問いを設定した。次章では、この問いに対する「答え」を探求する旅に出る。

補論

本研究は、経験学習モデルが社会的要因を考慮していないという課題に対応しているが、コルブ（Kolb, 1984）のモデルは、クリティカル・リフレクションなどの高次の学習プロセスを提案していないという批判もある（Kayes, 2002; Vince, 1998）。この点を踏まえて、経験学習モデルの改訂版を提案しているのが、松尾と永田（Matsuo, & Nagata, 2020）である。補論として、この改訂版について説明しておきたい。

第 2 章　経験学習・リフレクションに関する理論　83

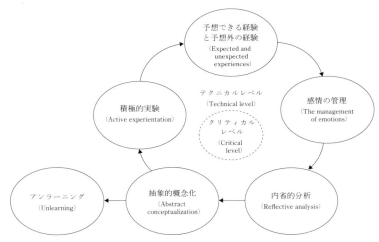

図 2-4　経験学習プロセスの改訂モデル

　松尾と永田（Matsuo, & Nagata, 2020）によるモデルは、図 2-4 に示すように「予想できる経験と予想外の経験」「感情の管理」「内省的分析」「抽象的概念化」「アンラーニング」「積極的実験」の 6 ステップから構成されている。なお、このモデルは、個人が技術的なレベルと批判的なレベルの両方で学習プロセスに関与することを前提にしている。以下に、改訂モデルをステップごとに説明する。

①予想できる経験と予想外の経験

　このステップでは、積極的実験を踏まえて計画された経験だけからではなく、予期せぬ経験から適切に学べるよう注意する必要がある。予想外の出来事は、変化のきっかけになったり、キャリアに変化をもたらしたりする可能性がある（Ellis et al., 2006; Krumboltz, 2009）[6]。予想外の経験を振り返ることにより、キャリアの転機になるような、深いレベルの学習が実現する可能性がある。具体的には、「どんな行動を取ったか」「何が起こったのか」「期待された、あるいは計画された結果は何であったか」「予想外の、あるいは予定外の結果は何であったか」について検討することになる[7]。

②感情の管理

　このステップは、自分の感情を適切に管理することである。感情は、個人が状況を評価し、その状況への適切な反応を導く上で重要な役割を果たしている（Vince, 2010）。例えば、不安、恐れ、疑問などの感情は、学習を促すきっかけとなるが、そのような感情は時として、自己防衛、逃避、自己正当化などを促進する（Vince, 1998; Gilmore, & Anderson, 2011）。その意味で、このステップは、予想できる経験と予想外の経験を適切に分析するための準備である。深い学びやクリティカル・リフレクションは、予期せぬ、基本的な前提に疑問を投げかけるような経験によって急速に生じる。その結果、不安、恐怖、混乱といった困難な感情が生じることから、これらの感情をうまくコントロールする必要がある（Boud et al., 2013; Hislop et al., 2014）[8]。具体的には、「出来事の間に何を感じたか」「重要なことに気づかされた感情はあったか」「どのような感情が、学習の妨げや回避につながったのか」について考察することになる。

③内省的分析

　このステップは、感情をコントロールした後に、なぜそのような結果になったのかを理解するために、出来事を冷静に分析することである。予想できる経験と予想外の経験を内省的に分析するには、①事実を適切に記述すること（Gibbs, 1988）、②失敗と成功の両方を特定すること（Ellis et al., 2006）、③失敗と成功の原因を分析すること（Miller, & Maellaro, 2016）が必要となる[9][10]。また、批判的に深く学ぶためには、その経験に対して、これまでの前提や信念、価値観が適切かどうかを検証することも重要であり、これがアンラーニングにつながることがある。具体的には、「経験の中で、成功したこと、失敗したことはあったか」「成功と失敗の要因は何であったか」「前提、信念、価値観は、その出来事に対応するために適切なものだったか」などを分析することになる。

④抽象的概念化

　このステップでは、内省的な分析に基づいて、自分の強みと弱みを理解し（Welch et al., 2014）、問題の原因と解決策を特定する（Miller, & Maellaro, 2016）。さらに、自分の仮説や信念を検討し（Mezirow, 1990）、代替的な行動方法（Korthagen et al., 2001）や改善行動計画（Gibbs, 1988）を提案することで、教訓を抽出し、結論を

導き出す。その上で、このステップにおいて、個人的または暫定的な理論が開発され、修正される。具体的には、「成功から学んだことは何であったか」「失敗から学んだことは何であったか」「あなたの持っていた、どのような前提、信念、価値観が変化したか」について記述する必要がある[11]。

⑤アンラーニング

このステップは、個人が新しい情報や行動を受け入れるために、個人や組織が過去の学習（前提や精神的枠組みを含む）を認め、解放するプロセスであるアンラーニングのステップである（Becker, 2005; Hislop et al., 2014）。習慣的な思考や行動を棄却するためには、経験学習のプロセスにアンラーニングのステップを含める必要がある（Clegg et al., 2005; Chang, 2017）。ここで注意すべきは、アンラーニングは、人々の根底にある価値観や前提に影響を与えない（または影響が限定的な）特定の実践、活動、ルーチンの棄却を指す「行動的アンラーニング」と、予期せぬ、基本的な前提に疑問を投げかけるような個人的な経験によって急速に生じ、深く抱いている価値観や思い込みを諦めたり放棄したりさせる「認知的アンラーニング」に区別する必要があることである（Hislop et al., 2014）[12]。つまり、アンラーニングのプロセスには、テクニカルなレベルとクリティカルなレベルが存在するのである。具体的には、「自分のアプローチが時代遅れである、古い、または機能していないことに気づいたか」「廃棄した方が良い方法やスキルはあったか」「廃棄すべき思い込みや信念、価値観などはあるか」について検証することになる。

⑥積極的実験

このステップは、コルブ（Kolb, 1984）のモデルにも含まれているステップである。この段階では、「抽象的概念化」のステップで抽出された解決策、代替的な行動方法、改善のための行動計画が実行される。具体的には、「次回に適用したい技術的アプローチはあるか」「次回に適用したい根本的なアプローチはあるか」「変化した前提、信念、価値観の中で、次回にさらに発展させたいものはあるか」について検討することになる。

最後に、図2-4の中央に描かれているように、このモデルは、各学習ステップがテクニカルレベルとクリティカルレベルの両方で実行できることを前提に

している。テクニカルレベルでは、個人はスキルやテクニックに焦点を当て、その有効性を検証し、時代遅れのものや古いものを捨て、新しいやり方を実行する。クリティカルレベルでは、個人は、予期しない経験の中で生じた信念、仮説、または価値観の有効性を検証し、古くなった、または時代遅れのアイデアを破棄し、新たな信念に基づいたアクションを実践することになる。

以上、松尾と永田（Matsuo, & Nagata, 2020）のモデルを紹介したが、このモデルは、コルブ、ギブス、コルトハーヘンのモデルの良い部分を取り入れた上で、アンラーニングのプロセスを組み込んだことに特徴がある。

注

(1) ンら（Ng et al., 2009）は、具体的経験と抽象的概念化は、経験を把握するための異なる方法であるとした上で、具体的経験は身近な体験の接しやすい要素に焦点を当て、抽象的概念化は体験の概念的解釈と象徴的表現に依存しているとする。同様に、内省的観察と積極的実験については、内省的観察が内的処理に依存するのに対し、積極的実験は外界を実際に操作することに重点を置くと説明している。

(2) コルブ（Kolb, & Kolb, 2009）は、経験学習における以下のような9つの学習スタイルを提案している。①経験型の学習者は、人との関わりに長けている。新しいことや困難な状況に積極的に参加し、一歩下がって様々な視点から自分の経験を振り返ることで学ぶ。この能力を開発するには、頭で考えるのではなく、今この瞬間を直接感じることが重要である。②内省型の学習者は、創造的なアイデアの創出と、アイデアを簡潔で論理的な形にまとめる能力を組み合わせることによって学習する。この能力を開発するには、意図的に異なる視点から物事を見たり、他者に共感したりすることが必要となる。センス・メイキング、情報収集、情報分析などのスキルは内省モードを助けることができる。③思考型の学習者は、特定のコンセプトとアイデアを帰納的に展開し、実世界でテストすることによって、その妥当性と実用性を演繹的に評価することができる深い思考者である。この能力には、頭の中でアイデアを表現し、操作する力が必要である。理論的なモデル構築や行動のシナリオを作成する練習をすることで、思考への関与を強化することができる。④活動型の学習者は、技術的な分析に基づいて疑問や問題の解決策を見出す能力と、具体的な状況における人々のニーズや情報源に注意を向ける能力を兼ね備えている。この能力を身につけるには、現実の結果を伴う世界へのコミットメントと関与が必要である。勇気を持って率先して行動し、目標設定とフィードバックを繰り返してパフォーマンスを確認することでこの能力は向上する。⑤発散型の学習者は、具体的経験（CE: Concrete Experience）と内省的観察（RO: Reflective Observation）を通して学習

する。個人的な注意やフィードバックを受けることを好み、グループでの情報収集や、素直な気持ちで話を聞くことを好む。⑥同化型の学習者は、抽象的概念化（AC: Abstract Conceptualization）と内省的観察を通して学習する。講義や読書、分析モデルの探究、そしてじっくり考える時間を好む。⑦収束型の学習者は、学習の場において、抽象的概念化と積極的実験（AE: Active Experience）を重視する。アイデアを試してみたり、シミュレーション、実験課題、実践的なアプリケーションに取り組んだりすることを好む。⑧適応型の学習者は、積極的実験と具体的経験を通して学習する。リフレクションや思考を重視しないため、整理がつかず、考える前に行動してしまうことがある。他の人と協力して課題をこなし、目標を設定し、フィールドワークを行い、プロジェクトを完了させるために様々なアプローチを試すことを好む。⑨バランス型の学習者は、行動−内省、具体−抽象の弁証法の両極端のバランスを取り、その中間に位置することを目指す。直面するタスクの学習要求に合わせて学習スタイルを変更することができる（Kolb, & Kolb, 2009）。しかし、マノリスら（Manolis et al., 2013）は、コルブの学習次元はさらなる研究が必要であり、コルブが開発した学習スタイルは再検討する必要があることを指摘している。

(3) ミエッティネン（Miettinen, 2000）は、コルブ（Kolb, 1984）はデューイ（Dewey, 1938）の思想を不適切に解釈しており、経験学習モデルによって提案された即時的で「具体的経験」という概念そのものに認識論的に問題があると批判している。具体的には、経験とは、人間と環境との相互作用の客観的な形態を含む。つまりその相互作用に関わる全ての人工物や事物を含むという。デューイ（Dewey, 1938）にとって経験とは、心理状態の問題でもなければ、個人の心の中にあるものでもないと主張している。

(4) ALACT モデルは、ショーン（Schön, 1983）のリフレクティブ・プラクティスのプロセスを説明したモデルとして評価されている（Sedova et al., 2016）。

(5) ガーゲン（Gergen, 1999）によると、社会構成主義とは、「words create world（人々の間で交わされる言葉が世界をつくる）」という言葉で示されているとおり、世界は、科学的な手法により生み出された知識によってではなく、人々の関係の中で、社会的に構成されるという考え方である。社会構成主義は、自分が持っている古くからの伝統など、当然のことと思われている前提を疑い、別の枠組みを受け入れるリフレクションを大切にしており、その際に対話が重要な役割を果たす。

(6) クランボルツ（Krumboltz, 2009）は、ハプンスタンス・ラーニング・セオリー（HLT: Happenstance Learning Theory）を提唱しており、各個人のキャリアは事前に予測することはできないが、生まれたときから始まる無数の計画的・非計画的な学習経験の関数であると定義している。その上で、予想外の出来事をコントロールする方法として、①予定外の出来事の前に、それを経験するための行動を取る。②出来事の最中は、潜在的なチャンスを見極めるため、注意深く敏感であり続ける。③その出来事の後、その出来事から利益を得るための行動を開始する、という3つのステップを提案している。また、キャリア・カウンセラーは、クライアントが、

88 第Ⅰ部 管理職コーチング、経験学習・リフレクションに関する先行研究

予想外の出来事を、新しいキャリアを築くための機会として捉え直すことを助ける必要があると述べている。

(7) トムキンスとウルス（Tomkins, & Ulus, 2016）は、経験の流動的で、多面的で、予期せぬことがしばしば起こるという側面を強調すべきであり、私たちの生きた経験は、ベートーヴェンの四重奏というよりも、おそらく生のジャズに近いと述べている。

(8) ブードら（Boud et al., 2013）は、内省プロセスについて、次のように述べている。すなわち、感情と認知の両方が密接に関連し、相互作用する複雑なものである。特に自分自身に対する否定的な感情は、学習に対する大きな障壁となる。それらは認識をゆがめ、出来事の誤った解釈につながり、持続する意思を損なう可能性があるという。肯定的な感情や感覚は、学習プロセスを大きく向上させ、学習者を課題に集中させ、新たな学習の刺激となる。感情的な側面は、私たちが自分自身の学習活動に取り組んでいるときや、このプロセスにおいて他者を支援しているときに考慮されなければならない。

(9) エリスら（Ellis et al., 2006）は、業務上の出来事の後に行う振り返りセッションである AER（After-Event Review）は、学習者がメンタルモデルを変更し、パフォーマンスを向上させるのを支援する効果的なツールであり、その経験が成功であろうと失敗であろうと、経験からの学習を促進することを示している。組織は、会議の場などで、適切な AER を実施し、失敗した出来事だけではなく、成功した出来事を振り返ることで、個人が重要な教訓を学ぶことを支援することができるという。

(10) ミラーとマエラーロ（Miller, & Maellaro, 2016）は、経験学習における内省的観察は、根本原因の分析（5Whys による分析）とチーム・リフレクションにより実現すると述べている。5Whys とは、問題の根本原因を発見するために、問題に対して、およそ5回「なぜ？」という質問をすることである。その上で、その問題を未然に防ぐためのアクションプランを提案する。また、集団的な内省プロセスから生まれる意味の増大とより深い理解は、内省者が現在の活動にその後の変更や改善を加えるために取れる選択肢の幅を広げることにつながると主張している。

(11) 記述することのメリットに関して、ネスビット（Nesbit, 2012）は、以下のように説明している。すなわち、①センス・メイキング・プロセスを整理し、構造化するのに役立ち、内省のプロセスに規律を与える。②書くことによって出来事や行動から距離を置くことができ、自己概念の保護に関するバイアスを減らすことができる。③内省プロセスの結果を記録し、時間の経過とともに、自分の気質を明らかにする行動パターンや、対処すべきパフォーマンス上の問題を特定するための材料となる。④文章を書くことと、規律正しい自己啓発のプロセスを身につけることは、詳細な行動計画の作成に役立つ。同様に、出来事について話すことは、個人が出来事の意味を理解し、自分の改善すべき点についての洞察を引き出し、行動計画の策定を支援するのに役立つため、内省的な処理を刺激することができる。

(12) ヒスロップら（Hislop et al., 2014）は、以下のようにアンラーニングを分類して

いる。個人のアンラーニングは「フェージング」「ワイピング」「ディープ・アンラーニング」に区別することができる。「フェージング」は、使われなくなることで、時間の経過とともに徐々に起こるもので、アンラーニングというよりも、個人レベルの忘却のプロセスに近い。「ワイピング」は、職務の変更などの、強制的なイベントにより生じるアンラーニングであり、信念の漸進的な変化がルーチンの根本的な変化を伴う「調整的アンラーニング」や、信念やルーチンの小規模な変化を伴う「操作的アンラーニング」とも類似している。また、「ワイピング」は「行動的アンラーニング」と言い換えることができる。「ディープ・アンラーニング」は、予期せぬ、基本的な前提に疑問を投げかけるような個人的な経験によって急速に生じる。その結果、「ディープ・アンラーニング」は、不安、恐怖、混乱といった困難な感情を伴い、単に特定の行動や慣習を学ぶというよりも、価値観や思い込みを学ぶことを伴う。「ワイピング」はシングルループ学習（基本的な前提が問われないままの漸進的な学習や変化）に類似しているのに対し、「ディープ・アンラーニング」は、ダブルループ学習（既存の前提や価値観が問われ、リフレクションされるような学習や変化）と同一視することができる。「ディープ・アンラーニング」は、「認知的アンラーニング」と言い換えることができる。

第 II 部

経験学習・リフレクション支援に関する分析

92 第II部 経験学習・リフレクション支援に関する分析

　第I部で示したように、本研究は「マネジャーは、部下の成長を促すために、どのようなプロセスによって経験学習・リフレクションを支援し、どのような効果を与えているのか」というリサーチ・クエスチョンを検討する。この課題を検討する上で、本研究では、それぞれ2つの定性分析および定量分析を行う。第1の分析では、マネジャーによる部下の経験学習・リフレクション支援を明らかにするために、7組織43名のマネジャーの部下育成における成功事例・失敗事例の記述データを対象とする。異なる業界におけるマネジャーの活動を分析することで、多様な実践を把握することが第1の分析の狙いである。第2の分析では、大手保険会社における部下育成能力の高いマネジャーに対して実施したインタビュー調査を対象とする。第2の分析の目的は、部下育成を促進する方法を、インタビュー調査によってより詳細に検討することにある。第3と第4の分析では、第1と第2の定性分析で明らかになった管理職コーチング行動の効果を、定量的に検証する。まずは、図II-1で示した第II部の全体像を説明する。

　本書の問いを探究するために、まずマネジャーによる部下の経験学習・リフレクション支援行動を定性的に分析し、具体的なプロセスを明らかにする。具体的には、第3章において、7組織43名のマネジャーの部下育成における成功事例・失敗事例の記述データを分析する。その結果、経験学習・リフレクション支援は、「成長支援の開始」「リフレクションの促進」により構成されていることが示され、「心理的安心感を与える」「業務分析を支援する」などの管理職コーチング行動が抽出された。

　第4章では、第3章で見出された、マネジャーによる経験学習・リフレクション支援を、インタビュー調査により、さらに詳細に検討する。特定企業における、部下育成能力の高いマネジャーに対するインタビュー調査・分析により、経験学習・リフレクション支援は「成長支援の準備」「仕事のアサインメント」「リフレクション支援」により構成されていることが示され、「心理的安心感を高める」などの成長支援の準備、「仕事の意味づけ」などの仕事のアサインメント、「業務分析を支援する」などのリフレクション支援という管理職コーチング行動が抽出された。また、インタビュー内容は、第5章で実施した、管理職コーチングの尺度開発に利用した。

　第5章、第6章では、第3章、第4章で見出された管理職コーチング行動

第Ⅱ部　経験学習・リフレクション支援に関する分析　93

	本研究の問い	マネジャーは、部下の成長を促すために、どのようなプロセスによって、経験学習・リフレクションを支援し、どのような効果を与えているのか。	
		探究（定性）	検証（定量）
より詳細に探究	各章の問い	【第3章】多様な業種のマネジャーは、どのようなプロセスによって、部下の経験学習・リフレクションを支援しているのか。	【第5章】マネジャーのどのような管理職コーチング行動が、部下の心理的状態に影響を与えているのか。
	結果	経験学習・リフレクション支援は、「心理的安心感の確保」などによる「成長支援の開始」、「事実の確認」などによる「リフレクションの促進」から構成されていた。	管理職コーチングは、部下の心理的状態（プロアクティブ行動、ワーク・エンゲージメント、心理的エンパワーメント、リフレクション）に影響を与えていた。
	各章の問い	【第4章】部下育成能力の高いマネジャーは、どのようなプロセスによって、部下の経験学習・リフレクションを支援しているのか。	【第6章】性別により効果的な管理職コーチング行動は違うのか。
	結果	部下育成能力の高いマネジャーの経験学習・リフレクション支援は、第3章の発見事実に加え、仕事の意味づけなどから構成される「仕事のアサインメント」を実施していた。	性別によって、管理職コーチングに対する知覚が異なっており、効果的な管理職コーチング行動に相違があった。

図Ⅱ-1　研究の全体像

を統合した上で、定量的に検証する。具体的には、第5章では、第3章、第4章で実施された定性分析によって見出された管理職コーチング行動を尺度化し、「心理的安心感の醸成」「リフレクション支援」「キャリア支援」「仕事の意味づけ」「中堅社員の活用」「具体的指導」「承認」という次元を作成する。その上で、部下のプロアクティブ行動、ワーク・エンゲージメント、心理的エンパワーメント、リフレクションという、心理的状態への影響を検討する。その結果、抽出された管理職コーチング行動が、部下の心理的状態に影響を与えていることが明らかになった。また、第6章においては、性別による効果的な管理職コーチング行動を検討することにより、より詳細な検証を実施する。その結果、性別によって、管理職コーチングに対する知覚が異なっていること、「リフレクション支援」などが男性部下に有効で、「キャリア支援」「承認」が女性部下に有効であることが明らかになった。

　以下の章では、上述したことを詳しく解説する。

第**3**章　経験学習・リフレクション支援の成功事例・失敗事例：定性分析 1

　先行研究のレビューで明らかになったように、これまでの研究には次のような課題がある。第 1 に、リフレクションに関するモデルには、個人のリフレクション・プロセスは示されているものの、リフレクションを支援し個人の学習を促す方法が検討されていないという点である。第 2 に、管理職コーチングのモデルには、リフレクション支援に該当するコーチング行動が含まれているものの、リフレクション支援のプロセスが明示化されているわけではないという点である。そこで本章では、こうした課題に対処するため、「マネジャーは、部下の成長を促すために、どのようなプロセスによって経験学習・リフレクションを支援しているのか」というリサーチ・クエスチョンを探索的に検討する。具体的には、7 組織 43 名の OJT 指導における成功事例・失敗事例の記述データを、グラウンデッド・セオリー・アプローチを用いて分析する。

3.1　研究方法

3.1.1　分析対象

　部下育成の幅広い実践を把握するためには、複数企業における部下育成の実態を調査する必要がある。A 社の人材コンサルティング部門は、多くのクライアント企業のマネジャーに対して OJT 支援サービスを提供しており、本研究では、このサービスを利用した 7 組織 43 名のマネジャーのリフレクションシートの記述内容を分析対象とした。すなわち、クライアント企業のマネジャーが、自身の部下育成における成功事例と失敗事例を記述したリフレクションシートをデータとして用いた。なぜなら、同じマネジャーでも、状況や部下によって適切な育成ができるケースとできないケースがあると思われることから、その違いを比較することで、効果的な経験学習・リフレクション支援のあり方を分

96　第 II 部　経験学習・リフレクション支援に関する分析

表3-1　分析対象者の内訳

所属組織	対象者人数（名）
A 総合病院	4
B 金融機関	2
C 金融機関	2
D 食品メーカー	11
E エンジニアリング企業	7
F 素材メーカー	15
G 専門商社	2
合計	43

析することが可能になると考えたからである。

　なお、リフレクションシートとは、マネジャーがある特定の部下に対する育成行動を振り返り、200字〜500字程度で記述したものである。また、事例が成功であるか失敗であるかは、リフレクションシートに記述したマネジャーの判断による。マネジャーは自らの育成行動を振り返り、部下との関係性、部下の成長度合いなどを総合的に検討し、育成が成功したのか失敗したのかを判断すると考えられる。分析対象者の内訳は、表3-1に示したとおりである。43名という人数は、それ以上サンプル数を増やしても新たに重要な概念が生成されなくなる理論的飽和（Strauss, & Corbin, 1998）の状態にいたったと分析の過程で判断したことで決定したサンプル数である。

3.1.2　分析方法

　本研究では、データを分析するにあたり、グレーザーとストラウス（Glaser, & Strauss, 1967）によって提唱されたグラウンデッド・セオリー・アプローチ（以下 GTA とする）を用いた。第1章でも述べたように、GTA とは、データをもとにして分析を進め、データの中にある現象がどのようなメカニズムで生じているのかを理論として示そうとする研究法である（戈木, 2016）。GTA を採用した理由は、データに密着した帰納的な理論構築を目指す点が、本研究の目的に合致していると判断したからである。GTA には、オリジナル版、グレーザー版、ストラウス・コービン版、修正版グラウンデッド・セオリー・アプローチ（M-GTA）（木下, 2003）など、様々な分析手法がある。本章では、記述データの

みから理論を生み出そうとするグレーザーの考え方とは異なり、分析において、先行研究や著者の研究経験の活用を許容する、ストラウスとコービン（Strauss, & Corbin, 1998）による手法を採用した（Jones, & Noble, 2007）。なお、量的調査では、母集団の代表となる部分集団を選択するという「サンプルの代表性」が重視されるのに対し、GTA では、理論的に重要な概念を示すと思われる事象や出来事をサンプリングする「概念の代表性」が重視されている点に特徴がある（Strauss, & Corbin, 1998）。

　具体的には、以下の手順で分析を行った。第1に、収集した成功事例・失敗事例の記述データを、マネジャーが部下に働きかける際に気をつけているプロセスに留意した上で切片化し、データを解釈してサブカテゴリー化し、さらに部下の成長のためのリフレクションという観点からサブカテゴリーを検討し、類似の事象を説明しているラベルをまとめカテゴリー化した（オープンコード化）。第2に、カテゴリー同士を相互に横断させ関係づけた（軸足コード化）。第3に、中核となるカテゴリーを抽出し、カテゴリーとカテゴリーの関係を特定してモデルを精緻化し（選択コード化）、成功事例・失敗事例それぞれのプロセス概念図を作成し、比較可能なものとした。

3.2　分析結果

　GTA による分析の結果、成功事例で3ステップ、15カテゴリー、29サブカテゴリー、失敗事例で3ステップ、14カテゴリー、23サブカテゴリーを生成した。該当者 A〜G は表 3-1 に示した所属組織と対応している。概要を表 3-2、表 3-3 に示す。なお、文中では、ステップを《　》、カテゴリーを〈　〉、分析対象者の記述を「　」で表記する。表 3-2、表 3-3 には、サブカテゴリーと同じカテゴリーも存在するが、GTA を用いた先行研究においても、同様の分析がなされている（e.g., 田中・中原, 2017）。また、同じマネジャーでも、状況や部下によって適切な育成ができる場合とできない場合があるため、事例の該当者が、成功・失敗パターンの両方に記載されているケースがある。

98 第Ⅱ部 経験学習・リフレクション支援に関する分析

3.3 経験学習・リフレクション支援における成功・失敗事例

経験学習・リフレクション支援のプロセスにおける成功・失敗の育成は、《成長支援の開始》《リフレクションの促進》のステップに類型することができた。成功事例における《成長支援の開始》のステップは、〈状況を把握する〉〈心理的安心感を与える〉〈仕事を意味づける〉〈期待を伝える〉〈具体的に指導する〉というカテゴリーで構成されており、《リフレクションの促進》のステップは、〈事実を確認する〉〈業務分析を支援する〉〈教訓化を支援する〉〈実行を支援する〉〈定期的にコミュニケーションを取る〉〈やり切らせる〉のカテゴリーで構成されていた（表3-2）。一方、失敗事例では、《成長支援の開始》のステップは〈状況を把握する〉〈心理的安心感を与えられない〉〈仕事を意味づけていない〉〈期待を伝えていない〉〈指導方針を曖昧にしている〉で構成されており、《リフレクションの促進》は、〈業務分析を阻害する〉〈教訓化を支援できない〉〈実行を支援できない〉〈コミュニケーションの不足〉で構成されていた（表3-3）。以下では、プロセスに沿って詳細を記述していきたい。

3.3.1 成長支援の開始

《成長支援の開始》のステップにおいて、〈状況を把握する〉のカテゴリーでは、成功・失敗事例とも大きな違いは見られなかった。例えば、「部下は、営業件数をこなすのに精一杯で、なかなか結果につながらない状況であった（B2）」（成功事例）、「私の部下は、真面目なものの大人しい性格で、上司や先輩のいったことを守らなければならない、と考えるタイプでした（E2）」（成功事例）、「私が育成している新人は、他の従業員がペアについたときに、業務終了まで記録をペアスタッフに見てもらうことなく、帰宅してしまった（A3）」（失敗事例）、「他人の意見を受け入れるところが、私の部下の良い点である（F14）」（失敗事例）といった記述がなされており、どちらにおいても事例の生じた状況や部下の特徴を把握していた。

しかし、〈心理的安心感を与える〉については差が見られた。具体的には、成功事例において「作業方法を指導していく過程の中で自分の失敗談を話しま

第3章 経験学習・リフレクション支援の成功事例・失敗事例　99

表3-2　生成された成功事例のステップとカテゴリー

ステップ	カテゴリー	サブカテゴリー	該当者
成長支援の開始	状況を把握する	OJTの状況を確認する	B2、E1、E2、E4、E5、E6、E7、F1、F2、F3、F5、F8、F10、F15
		トレーニーの性格を確認する	E1、E2、E3、E7、F14
	心理的安心感を与える	心理的安心感を与える	D2、D5、F5、F10
	仕事を意味づける	ゴールを設定する	B1、C2、D1、F4、F5、F11
		同僚・顧客にとっての意味を考えさせる	D7、D11、E6、F9
		組織にとっての意味を伝える	A2、C1、D1、D3、D6、D7、F3、F6、F13
	期待を伝える	期待を伝える	C2、D6、F3、F4、F5、F9、F11
	具体的に指導する	やり方を示す	E3、E5、E6、D9、D11、F1、F6、F8、F12
		同じ仕事を一緒にこなす	E3、E7、F12
リフレクションの促進	事実を確認する	思いや考えを確認する	A1、A3、A4、D5
		理解できていることを確認する	D7、E5、F6、F7、F8、F9、F15、G1
	業務分析を支援する	一緒に考えながら進める	D1、D6
		仕事のプロセスを考えさせる	A2、E1、F10
		問いかけて考えさせる	D9、D11、E7、G1
		ヒントを与えて一緒に考える	A2、D1、D4、D10
		本人に気づかせるようにする	A1、C2、D3、D4、D8、E4、F9
	教訓化を支援する	失敗・成功体験から学ばせる	A1、B1、E2、F12、G2
		褒めることにより教訓を認識させる	A3、B1、B2
	実行を支援する	実行支援	A4、C2、D4、F2、G2
	定期的にコミュニケーションを取る	こまめに声をかける	E7、F5、F11、F14
		定期的に打ち合わせをする	F5、F7
	やり切らせる	少しずつ任せる	D8、F11、F13、F15
		任せてやり切らせる	C2、F10、F15
成長支援の効果	視野の拡大	視野の拡大	D11、F14
	経験学習の習慣の定着	経験学習の習慣の定着	A4、B1、B2、D2、E1、E4、E6、F2
	自信の獲得	自信の獲得	A2、A3、D10、F6
		成長実感	D6、E7、F13、F15
	主体的思考・行動の増加	主体的思考・行動の増加	A2、B1、C2、D5、D8、E2、E3、F1、F10
		モチベーションアップ	F6

100　第II部　経験学習・リフレクション支援に関する分析

表 3-3　生成された失敗事例のステップとカテゴリー

ステップ	カテゴリー	サブカテゴリー	該当者
成長支援の開始	状況を把握する	OJT の状況	A1、A3、A4、D6、D8、D10、E1、E2、E3、E4、E6、E7、F5
		トレーニーの性格を確認する	A3、E1、E3、E5、F6、F14
	心理的安心感を与えられない	話しかけにくい	F8、G1、G2
		相互理解できていない	E5
	仕事を意味づけていない	組織にとっての意味を伝えていない	D2、D4、D9、F2
		仕事の意味を理解させていない	F6
	期待を伝えていない	一方的に成長を期待する	A3、D1、D6、F13
		理想の押しつけ	E1、E3、E4
		期待していない	C1、D9、F12
	指導方針を曖昧にしている	指導方針を曖昧にしている	B1、E5、F11、F12、F13
リフレクションの促進	業務分析を阻害する	考える余地を与えない	A1、A3、A4、B2、C1、D1、D2、D5、D8、F5、F6
		答えの押しつけ	A2、D3、D7、F12、F14、G1
		一度任せた業務を引き上げる	D8、D10、E2、E3、E7
	教訓化を支援できない	適切なアドバイスができていない	C2、D2、D11、F4、G1
		フィードバックをしていない	D10、F2、F10
	実行を支援できない	実行を支援できていない	B1、F3、F9
	コミュニケーションの不足	時間をとっていない	F1、F8
		放置している	C2、D11、E2、E3、E6、E7
成長支援の効果	繰り返される失敗	繰り返される失敗	D4、E6
	自信が持てない	自信が持てない	E2、E4、F2、F14
	受動的態度	受動的態度	D2、D5、E7
	指導内容の不徹底	指導内容の不徹底	A3
	成長支援の効果	早期離職	E3

す。「私は過去に○○してしまって失敗した、だから気をつけて（D2)」」という形で安心して仕事を進められるような配慮をしているのに対し、失敗事例では「最初にズバッと本題に入ってしまうと「叱られる」という気持ちが働くのか、ほとんど口を利いてくれなくなる（G1)」というように、安心して話しかけられる環境を提供できていない傾向が見られた。

　また〈仕事を意味づける〉に関しては、成功事例において「例などをあげて仕事のやりがいを共有するようにしています。「あなたの担当業務は、必ず○

○の役に立つ」など（D7）」という記述があったが、失敗事例では「問題なく作業できていたときも作業自体は頭に入っていたが、作業を行う意味まで理解が足りていなかったため、失敗の原因となってしまった（D2）」など、与えられた仕事が組織にとってどのような意味を持つのかを伝えていないケースが多く見られた。

さらに、〈期待を伝える〉については、成功事例では「本人が何を目指しているのか、極端にいえば、どんな人生が理想なのかを直接聞いたり、日々のコミュニケーションの中で、感じ取ります（C2）」と部下に寄り添った形であるのに対し、失敗事例では、「私がいう理想が彼にとっては大きなハードルとなってしまった（E3）」と期待の押しつけになったり、「どこかで見切りをつけて無難なところで着地させようと考えてしまいます（C1）」と期待をしていなかったりする傾向にあった。

次に、〈具体的に指導する〉については、成功事例において、「仕事のプロセスを一日かけて紙芝居のように図表化しました。そして、それを彼に見せて仕事を説明しました（E3）」と同じ仕事を一緒にこなしたり、やり方を示したりすることなどにより、十分な指導が行われていたが、失敗事例においては〈具体的に指導〉をしているケースが抽出できなかった。

3.3.2　リフレクションの促進

〈事実を確認する〉〈業務分析を支援する〉の成功事例では、「月の振り返りで、自分の行動を振り返るときにそのときの思いや考えを言葉にしてもらっている（A1）」や「これをできるようにする方法を一緒に振り返り、分析して考える（D6）」と部下に考える余地を与え、協働で状況を分析しタスクを遂行しようとしていたが、失敗事例では、「本人の思いや行動を確認する前に、きつく注意してしまった（A4）」や「一緒に考えている風で部下の考えを聞く前に、自分の考えを先にいってしまう（D7）」と部下に答えを押しつけ考える余地を与えず、部下の業務分析を阻害してしまう傾向にあった。

また〈教訓化を支援する〉に関しては、成功事例において「前の日より向上したところはその場で褒め、課題だと感じたこともその場で話を聞く（B1）」「今までの活動と比べてどこをどう変更したのかを質問する（G2）」という記述

があり、経験から学ばせようと働きかけていたが、失敗事例では「フィードバックを与えずに計画を進めさせていたため、計画における成功や失敗のポイントを本人が自ら学べる機会を与えることができなかった（D10）」のように、部下が経験から学びを得ることを支援できていない傾向があった。

さらに、〈実行を支援する〉という点において、成功事例では「反省点を別の仕事に活かせるような表現になるようアドバイスを行った（F2）」のように、別の仕事を想定したアドバイスを行っているのに対し、失敗事例では、「一度指導したことは定着するように、繰り返しロールプレイをするなど実践の場を提供すればよかった（B1）」と、次の仕事に適用できるような育成ができていないケースが多く見られた。

次に、《リフレクションの促進》の全てのカテゴリーに影響する、〈定期的にコミュニケーションを取る〉については、成功事例において「週1回の頻度で、課題の進捗状況などについて打ち合わせを行う機会を必ず設けている（F7）」のような記述があったが、失敗事例においては、「日々の行動を観察できず本人任せになってしまう（C2）」など、コミュニケーションが不足しているケースが多く見られた。

また、〈やり切らせる〉という点において、成功事例は「実験方法の考案から実験設備の設計およびファクターの評価までを彼自身が主体的に進めて無事完遂した（F10）」のように、部下が自らの力でタスクを完遂できることを支援していたが、失敗事例では、部下がやり切ることを支援するケースは抽出できなかった。

3.3.3　成長支援の効果

《成長支援の効果》においては、自信・学習・態度の面で成功事例と失敗事例に違いがあった。すなわち、成功事例では、「少しずつ自分から様々なことが発信できるようになってきたことから、自分自身で気づくことができたことを褒めることで自信を持つことにつながっていると感じた（A3）」のように〈自信の獲得〉に成功し、「結果、他のところでも前のプロセスを活用し、臨機応変な行動が徐々にできるようになってきていると日々感じる（B2）」という〈経験学習の習慣〉を定着させ、「自身でわからないときは自ら相談して行動が

できるようになった（A2)」のように〈主体的思考・行動〉が増加していた。
一方、失敗事例では「その結果、すぐ到達できるものではないと感じ、彼はい
つも不安を抱きながら仕事を行う傾向になってしまった（E4)」のように仕事
に対する自信をなくさせ、「短期間で仕上げるため、内容が短絡的になったり、
抜けができてしまっている（D4)」のように失敗を繰り返し、「彼ができていな
い部分は具体的に「こうやる」と教えましたが、なかなかできず私が対処し、
そのうち、困ったことは私に頼って解決してもらう、という受身の姿勢で業務
に取り組むようになりました（E7)」という受動的な態度を身につけさせる傾
向にあった。

3.4　経験学習・リフレクション支援における成功・失敗事例のまとめ

　次に、表3-2、表3-3から各カテゴリー間の関係を示し、成長支援の成果お
よび支援のプロセスを構造化した。図3-1は、マネジャーが部下の経験学習・
リフレクションを促進する際の成功事例のプロセス概念図である。成功事例か
ら14カテゴリーが抽出され、育成方法は《成長支援の開始》《リフレクショ
ンの促進》《成長支援の効果》の3ステップに分類することができた。
　まず、《成長支援の開始》のステップでは、部下の状況を把握し、安心して
仕事に取り組める環境を整備し、仕事を明確に意味づけた上で、部下に対する
期待を伝えながら、やり方を示したり、一緒に仕事に取り組んだりするなどの
育成を実施していた。次に、《リフレクションの促進》のステップでは、部下
がどのように出来事を理解しているか本人の思いや考え、仕事の理解度を確認
した上で、部下の考える余地を確保しながらヒントを与え出来事を分析し、さ
らに成功経験・失敗経験に対するフィードバックや褒めることにより部下が教
訓を生成することを支援し、学習された教訓を他の仕事に活かせるように促し
ていた。加えて《リフレクションの促進》を支える行動として、定期的な個別
ミーティングを実施し、本人の力で最後まで仕事をやり切らせていた。
　最後の《成長支援の効果》のステップでは、マネジャーは、経験学習・リフ
レクション支援の効果として、部下に自信がつき、経験を振り返る習慣がつき、
主体的に行動するようになったと捉えていた。

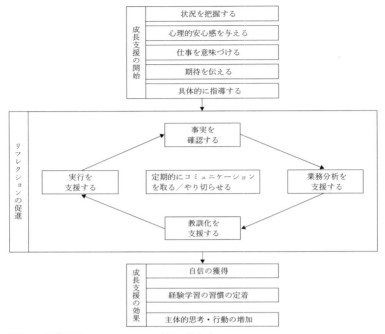

図 3-1 経験学習・リフレクション支援の成功プロセス

　一方、図3-2は、マネジャーが部下の経験学習・リフレクションの促進に失敗した事例のプロセス概念図である。失敗事例から12カテゴリーが抽出された。育成方法は《成長支援の開始》《リフレクションの促進》《成長支援の効果》の3ステップに分類することができた。

　まず《成長支援の開始》のステップでは、支援しようとする部下のタイプや、部下がどのような状況にあるかを把握しているものの、話しかけやすく安心感のある雰囲気を醸成できていなかった。さらに、仕事を行う意味、ゴール、期待を明確に伝えておらず、曖昧な方針のもとで育成していた。次に、《リフレクションの促進》のステップでは、部下に考える余地を与えず、一方的な育成により、部下が自ら考え、仕事を分析することを阻害し、評価やフィードバック、アドバイスを適切にできず、反省点を次の仕事に活かせていなかった。加えて経験学習・リフレクション支援の基盤となるコミュニケーションが、質量ともに不足していた。最後に、《成長支援の効果》のステップでは、経験学

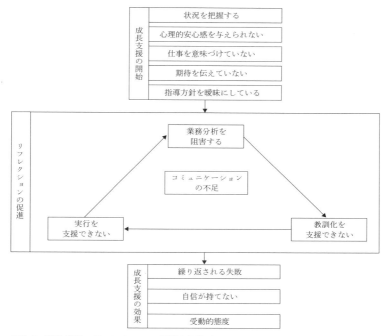

図 3-2 経験学習・リフレクション支援の失敗プロセス

習・リフレクション支援の失敗の結果として、部下の失敗が減らず、部下に自信がつかず、主体的な態度で業務に取り組むことができていないと捉えていた。

3.5 小括

部下育成における成功事例・失敗事例の質的分析の結果、効果的な経験学習・リフレクション支援のプロセスを検討した上での発見事実は以下の3点である。第1に、経験学習・リフレクション支援は、《成長支援の開始》と《リフレクションの促進》という2つのステップから構成されており、部下のリフレクションを促進する前に、《成長支援の開始》のステップが行われていた。

第2に、《成長支援の開始》では、心理的安心感を与え、仕事を意味づけ、期待を伝え、具体的に指導するという支援が部下育成の成功につながることが

明らかになった。

　第3に、部下育成の成功事例では、リフレクションを促進する際に、事実を確認し、業務分析を支援した上で、教訓化や実行を支援していた。このとき、定期的なコミュニケーションとやり切らせることが全ての活動を支えていた。

　以上の発見事実を踏まえて、部下に対する経験学習・リフレクション支援の成功および失敗パターンをまとめると次のようになる。経験学習・リフレクション支援に成功したマネジャーは、まず部下がどのように出来事を理解しているか、本人の思いや考えを確認する。そして確認した事実を踏まえて、一方的な指導を避けつつ、部下にヒントを与え、出来事の解決策について主体的に考えさせ、やり切らせていた。次にマネジャーは、解決策を実践した部下の行動を評価し、質問を重ねることにより、成功や失敗のポイントを本人が学び、教訓化するようにサポートしていた。さらに、その教訓が他の仕事に活かせるように支援することにより定着化を促していた。最後に、マネジャーは、部下のリフレクションを促す前提として、定期的にコミュニケーションを取り、話しかけやすく安心感のある職場の雰囲気を醸成した上で、仕事を付与する際には、仕事の意味やゴールを伝え、部下と期待を共有すると同時に、経験が不足している部下に対しては、仕事のやり方を具体的に指導していた。

　一方、経験学習・リフレクション支援に失敗したマネジャーは、部下に考える余地を与えず、一方的な指導により、部下が主体的に出来事の解決策を考えることを妨げていた。また、適切な評価やフィードバック、アドバイスを提供しておらず、部下が経験から教訓を得て、次の仕事に活かすための支援が十分ではなかった。また、マネジャーは、部下のリフレクションを促す上で必要なコミュニケーションが不足しており、話しかけやすく安心感のある職場の雰囲気を醸成できていなかった。加えて、仕事を付与する際に、仕事の意味やゴールを明確に伝えず、マネジャーの期待を押しつけ、曖昧な指導方針で部下を育成していた。

　次章では、第3章で得た発見事実を踏まえ、マネジャーによる部下の経験学習・リフレクション支援を、さらに詳細に分析する。

第**4**章 部下育成能力の高いマネジャーの育成行動：定性分析 2

　本章においても引き続き「マネジャーは、部下の成長を促すために、どのようなプロセスによって経験学習・リフレクションを支援しているのか」というリサーチ・クエスチョンを検討する。前章における検討は、分析対象者の育成能力が明らかになっているわけではなく、また、自由記述という情報量の限られたデータの分析であった。そこで、本章では、部下育成能力の高いマネジャー 17 名に対するインタビューデータを質的に分析することにより、より詳細な経験学習・リフレクション支援の構造を明らかにする。なお、業績や育成実績の高いマネジャーを対象とした質的調査によって、優れた管理・育成能力を特定する方法は、これまでの経験学習研究においても採用されている（e.g., McCall et al., 1988; 松尾, 2019）。

4.1　研究方法

4.1.1　分析対象

　前章の定性分析の対象者には、育成能力の高いマネジャーと低いマネジャーが含まれていると思われる。また、自由記述調査データであるため、情報量も少ない。そこで本章では、指導能力が高いマネジャーに対するインタビュー調査データを検討した。

　具体的には、中期経営計画において人材育成を重視するビジョンを掲げ、推進している大手保険会社 B 社において、部下を指導・育成する能力が高いという評価を受けている、部長・支社長クラスの上級マネジャー（以下、部下育成能力の高いマネジャー）17 名を対象としたインタビュー調査を実施した。分析対象者は全て男性で、年齢は 40 代 13 名、50 代 4 名であった。なお、同社の部長・支社長クラスの平均年齢は 40 代後半である。部下育成能力が高いマネ

ジャーは、以下の基準に基づき、B 社の人材開発責任者が選定した。すなわち、①組織・部署あるいは部門全体の業績に責任を持っており、②複数の組織のマネジメントを経験し、③海外経験があり、その経験をマネジメントに活かしており、④中高年部下や女性のマネジメントに定評があり、⑤業績低迷者の実績を回復させた経験があるという基準である。こうした基準の中に、海外経験および中高年部下や女性のマネジメントに定評があることが含まれているのは、多様な人材を育成する能力を B 社が重視しているからである。

　17 名という人数は、それ以上サンプル数を増やしても新たな重要な概念が生成されなくなる理論的飽和（Strauss, & Corbin, 1998）の状態にいたったと判断したことで決定したサンプル数である。具体的には、インタビュー調査は 1 回目に 4 名、2 回目に 4 名、3 回目に 4 名、4 回目に 5 名に対して実施した。サンプリングと分析を並行して行うグラウンデッド・セオリー・アプローチ（以下 GTA とする）（Glaser, & Strauss, 1967; Strauss, & Corbin, 1998）の考え方に基づき、1 回目のデータ収集後から分析を始め、データ収集ごとに分析を繰り返したところ、4 回目の段階で、カテゴリーが現象の理解のための十分な深みと幅を示し、他のカテゴリーとの関係性が明瞭になっていると判断できた。

　調査対象者の属性は表 4-1 に示すとおりである。インタビュー調査は、2019 年 7 月から 9 月にかけて実施した。その際、個人情報の匿名化、倫理的配慮について説明し、データの学術利用に関する承諾を得た上で、半構造化インタビューを実施した。インタビューでは、対象者の業務内容や組織内での役割、部下の人数を確認した上で、経験学習サイクルについて説明し、「部下育成において気をつけていることを、具体的な事例をあげて教えてください」「部下に仕事を振り返らせるときに工夫していることはありますか」という質問に対する回答を求めた。回答時間は 1 時間弱で、対象者の了承を得て IC レコーダーで録音し、得られたデータは、文字テキストとして起こした。

4.1.2　分析方法

　データを分析するにあたり、本研究においてもグレーザーとストラウス（Glaser, & Strauss, 1967）によって提唱されたグラウンデッド・セオリー・アプローチを用いた。分析は以下の手順で行った。第 1 に、部下育成および経験学習・リフレ

第 4 章　部下育成能力の高いマネジャーの育成行動　109

表 4-1　調査対象者の概要

調査対象者	職種	部下の人数	性別	年代
A 氏	営業	40 名	男性	40 代
B 氏	営業	9 名	男性	40 代
C 氏	営業	29 名	男性	40 代
D 氏	サービス	40 名	男性	40 代
E 氏	営業	22 名	男性	40 代
F 氏	サービス	20 名	男性	40 代
G 氏	営業	34 名	男性	40 代
H 氏	営業	10 名	男性	50 代
I 氏	サービス	42 名	男性	40 代
J 氏	サービス	145 名	男性	50 代
K 氏	サービス	150 名	男性	50 代
L 氏	営業	40 名	男性	40 代
M 氏	営業	18 名	男性	50 代
N 氏	営業	19 名	男性	40 代
O 氏	営業	23 名	男性	40 代
P 氏	サービス	57 名	男性	40 代
Q 氏	営業	8 名	男性	40 代

クション支援という観点から、類似の事象を説明しているラベルをまとめカテゴリー化した（オープンコード化）。具体的には、まず、17 名のインタビュー調査データを分解し、文脈からオープンな状態にするための切片化を行った。次に、切片化されたデータを解釈し、切片名をつけた。さらに、切片名を比較しながら解釈し、類似の事象をまとめてサブカテゴリーをつくり、サブカテゴリー名をつけた。その際、切片名とデータを比較分析し、切片名とデータを代表するサブカテゴリー名となるよう「絶え間ない比較」を繰り返した。

　第 2 に、サブカテゴリーの内容およびインタビューにおける因果関係に関するコメントをもとに、カテゴリー同士を相互に横断させ関係づけた（軸足コード化）。具体的には、サブカテゴリー間の関係性を検討し、サブカテゴリーを統合する形で、より抽象度の高いカテゴリーを抽出し、さらに、これまでの研究知見を参照しながら、カテゴリー同士を関係づけた。

　第 3 に、中核となるカテゴリーを抽出し、カテゴリーとカテゴリーの関係を特定してモデルを精緻化し（選択コード化）、部下育成能力の高いマネジャーの指導プロセスのカテゴリー関連図を作成した。このとき、指導における時系列

110　第 II 部　経験学習・リフレクション支援に関する分析

の流れに基づいて、類似したカテゴリー同士を、指導の「ステップ」によって区別した。なお、定性分析 1 および定性分析 2 において、得られた分析結果の信頼性や妥当性を確保するために、GTA の分析経験が豊富であり、筆者と類似した研究経験や視点を有する研究者 1 名に、分析のプロセスおよび結果のチェックを依頼し、分析結果を微修正した。

4.2　分析結果

　GTA による分析の結果、表 4-2 に示したように、3 ステップ、15 カテゴリー、30 サブカテゴリーを生成することができた。対象者 A 〜 Q は表 4-1 に示した対象者と対応している。なお、文中では、ステップを《　》、カテゴリーを〈　〉で表記した。

4.3　結果の概要とストーリーライン

　図 4-1 は、部下育成能力の高いマネジャーによる経験学習・リフレクション支援プロセスのカテゴリー関連図である。経験学習・リフレクション支援は、《成長支援の準備》《仕事のアサインメント》《リフレクション支援》の 3 ステップから構成されていた。このうち、《成長支援の準備》と《仕事のアサインメント》は《リフレクション支援》を促進する指導であり、《リフレクション支援》の前提条件となる概念である。以下では、マネジャーが部下のリフレクションおよび経験学習を支援する際のストーリーラインを述べる。

　第 1 に、部下のリフレクションを支援するための始点は、《成長支援の準備》である。このステップにおいてマネジャーは、まず失敗を許容し、失敗してもマネジャーが責任を負うことを伝えることにより部下に〈心理的安心感を与え〉ていた。その上で、部下との対話の時間を確保し、マネジャーが自己開示することにより〈自由な対話を促〉し、〈協力しあえるチームをつく〉っていた。その際〈中堅社員と連携する〉ことを重視していた。なお、ここでいう中堅社員とは、課長級のマネジャーにはなっていないが、職場において中核とな

第4章 部下育成能力の高いマネジャーの育成行動 111

表 4-2 経験学習・リフレクション支援プロセスのカテゴリー

成長支援のステップ	カテゴリー	サブカテゴリー	対象者
成長支援の準備	心理的安全感を与える	失敗を許容する	F氏、M氏、O氏
		自分が責任を負う	I氏、L氏、N氏
		部下の幸せを考える	A氏、D氏、P氏
	自由な対話を促す	発言しやすい雰囲気を醸成する	I氏、L氏、N氏、P氏
		対話の時間を確保する	A氏、B氏、E氏、L氏、M氏、N氏、O氏
		自分のことを率直に話し、自己開示する	B氏、E氏、L氏
	協力しあえるチームをつくる	部下同士の関係の質を高める	A氏、B氏、N氏、O氏、P氏、Q氏
		チームで仕事を進める	B氏、K氏、N氏、O氏
	中堅社員と連携する	中堅社員と連携する	A氏、N氏、P氏
	部下を観察する	部下を観察する	A氏、B氏、D氏、L氏、M氏
	キャリアビジョンをもとに動機づける	職務関連のキャリアビジョンを設定する	A氏、C氏、D氏、I氏、J氏、M氏、P氏
		能力関連のキャリアビジョンを設定する	I氏、M氏、Q氏
		価値観関連のキャリアビジョンを設定する	J氏、L氏、N氏
	部下の特徴を把握し、強みを伸ばす	部下の強みを伸ばす	D氏、J氏
		部下の特徴を把握する	A氏、B氏、D氏、I氏、K氏
仕事のアサインメント	ストレッチ経験を与える	限界を超える仕事を与える	A氏、L氏
		頑張ればできる仕事を与える	A氏、K氏、M氏、N氏、Q氏
	仕事を意味づける	会社にとっての意味を伝える	D氏、M氏、P氏、Q氏
		同僚・顧客にとっての意味を考えさせる	D氏、E氏、J氏、K氏、O氏、P氏
	期待を伝える	期待を表明する	A氏、L氏、N氏
	具体的に指導する	やり方を見せる	I氏、N氏、Q氏
		答えを示す	C氏、E氏、L氏、M氏
リフレクション支援	事実を確認する	事実を確認する	B氏、E氏、G氏、J氏、L氏、P氏
	業務分析を支援する	仕事のプロセスと目的を考えさせる	C氏、F氏、H氏、J氏、K氏、M氏、Q氏
		問いかけて考えさせる	C氏、I氏、J氏、L氏
		ヒントを与えて一緒に考える	C氏、I氏、L氏、O氏
		自分で考えさせてやり切らせる	A氏、K氏、L氏、N氏、P氏
	教訓化を支援する	失敗・成功経験から学ばせる	C氏、E氏、F氏、G氏、I氏、J氏、K氏、
		他者の経験から学ばせる	A氏、C氏、H氏、M氏
	承認して自信をつけさせる	承認して自信をつけさせる	A氏、G氏、L氏、N氏、Q氏

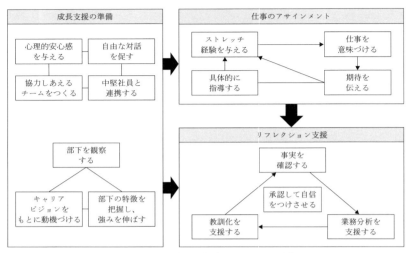

図 4-1 リフレクションを中心とした経験学習支援のカテゴリー関連図

る従業員を指す。こうした指導に加え、〈部下を観察する〉ことで、〈部下の特徴を把握し、強みを伸ばす〉指導の準備をしていた。さらに、部下の希望する職務、成長ゴール、価値観を踏まえてキャリアビジョンを把握し、〈キャリアビジョンをもとに動機づける〉ことを指導の前提としていた。なお、これら7つのサブカテゴリーのうち、前半4つのカテゴリーは集団に関係し、後半3つのカテゴリーは個人に関係するため、図4-1では区分して描写している。

　第2のステップである《仕事のアサインメント》においてマネジャーは、〈ストレッチ経験を与える〉際に、会社にとっての意味や同僚・顧客にとっての意味を伝えることで〈仕事を意味づけ〉ていた。さらに、部下に成長してほしいという〈期待を伝え〉て、経験が浅い部下を指導する際には、やり方を見せる、答えを示すなど〈具体的に指導〉していた。

　第3のステップである《リフレクション支援》においてマネジャーは、まず何が起こったか〈事実を確認〉し、問いかけ、ヒントを与えて考えさせ、やり切らせることで〈業務分析を支援〉していた。そして、成功・失敗の原因を考えることを部下に促し、他者の経験から学ばせることにより〈教訓化を支援〉していた。なお、これらの指導の間、〈承認して自信をつけさせる〉ことを重視していた。

第 4 章　部下育成能力の高いマネジャーの育成行動　113

4.4　経験学習・リフレクション支援の具体例

　次に、部下指導能力の高いマネジャーによる経験学習・リフレクション支援の具体例をプロセスに沿って記述していきたい[1]。

4.4.1　成長支援の準備

　マネジャーは、部下の《成長支援の準備》の際に、〈心理的安心感を与える〉ことを重視していた。具体的には、「失敗を許容する」「自分が責任を負う」「部下の幸せを考える」という点について、以下のように伝えていた。

　　「普段から、部下とは、できるだけフラットな関係を心がけています。基
　　本的には怒らないし、話しかけてきたときには、必ず自分の仕事をやめて
　　対応するようにしている。その上で「失敗を恐れるな、100 回失敗したら
　　褒めてやる」と繰り返して伝えています」（M 氏）

　コメントからわかるように、M 氏は、部下に威圧感を与えることを避けるため、自分の感情をコントロールし、受容する態度を示している。さらに、失敗を許容することを職場内に発信することにより、部下が失敗を恐れない環境をつくり出そうとしている。次のコメントも、部下が失敗を恐れないように働きかけている。

　　「部下には、なぜその仕事をさせているかを話します。その際に、できな
　　かったとしても、私ができないことを与えているので心配しないでと伝え、
　　部下に問題があった場合も全て自分のせいにします。部署全体に、最後の
　　責任は私が取ると常に宣言しています」（N 氏）

　つまり、N 氏は、部下に仕事を与える際に責任の所在を明らかにし、部下が新しい仕事に取り組む際に生じる不安を払拭しようとしている。次のコメントを見てみよう。

114 第 II 部　経験学習・リフレクション支援に関する分析

「定期的に部下全員にメールを送っています。その際に偉人の名言を一言
添える。その言葉が誰かひとりに響いてくれれば良いな、前向きになって
くれれば良いなと思って送っています。部下に幸せになってほしい、B 社
で働いていて良かったと思ってほしいという思いからの行動です」（P 氏）

　P 氏は、部下に対する愛情を伝えるために、多忙を極める中、部下全員にメ
ールを送っている。そうした気遣いが、部下が働きやすい職場づくりにつなが
ると考えているためと思われる。
　以上をまとめると、マネジャーは、仕事に関する責任の所在を明確にし、失
敗を容認することにより、失敗に対する恐怖感を和らげ、さらに部下に愛情を
伝えることにより、部下が心理的に安心した状態で仕事に取り組めるよう働き
かけていた。
　さらに、マネジャーは部下に〈心理的安心感を与える〉ために、〈自由な対
話を促す〉〈協力しあえるチームをつくる〉〈中堅社員と連携する〉という行動
を取っていた。まず、〈自由な対話を促す〉指導では「発言しやすい雰囲気を
醸成する」「対話の時間を確保する」「自分のことを率直に話し、自己開示す
る」という行動を通して、以下のような場づくりが行われていた。コメントを
見てみよう。

「相談があったときには笑顔での対応を心がけています。昔は「なんでそ
んなことができないんだ」と怒鳴っていたが、今は感情をコントロールし
「人間ならよくあることだよ」と話します。なぜなら、ミスを隠すような
ことがないように、何でもいえる感じを出すことが大切だと考えているか
らです。また、相談があった場合には翌日までには回答を出すようにして
います」（I 氏）

　I 氏のコメントが示唆するのは、発言しやすい雰囲気を醸成するために、I 氏
が本来の自分をコントロールしていることである。すなわち、自分の感情の安
定を演出することがチームのパフォーマンスにつながると I 氏は考えていると
思われる。次のコメントを見てみよう。

「1ヵ月に1回、10名の部下に対して、ひとり40分〜60分、キャリアビジョンや家族の相談に乗ったりしています。面談のやり方は、本人に8割は話させることが大事で、テーマは、最近の仕事の振り返り、仕事の中の課題などを含め、話したいことを本人に準備させています」（N氏）

　N氏は、部下と定期的な面談を行っているが、特筆すべきは、本人に8割は話をさせていることと、話す内容を部下に準備させていることである。つまり、面談は部下のための時間と考えて、対話の時間を確保していることがわかる。さらに、E氏やL氏は、部下に自分を晒すことの重要性を述べている。

「家族のことなどのプライベートな話や、私自身の仕事上の課題や悩みを課会で話しています。自分を晒さないと部下は心を開いてくれないと思っています」（E氏、L氏）

　つまり、自分の考えや価値観を開示することが、部下に安心感を与えると考えていると思われる。以上から、マネジャーは自分の考えていることを部下と共有し、部下にミスがあった場合でも安心感を与えるコミュニケーションを取ることを心がけ、その上で、部下との対話を、部下のための時間として確保することにより、自由な対話を促していた。
　次に、〈協力しあえるチームをつくる〉上で、「メンバー同士の関係の質を高める」「チームで仕事を進める」という点が強調され、以下のような仕組みが考えられていた。

「チームのメンバーが、目標を達成するとLINE WORKS（企業向けのビジネスチャットツール）でお互いを称え合います。LINE WORKSは、絵文字で簡単にやりとりができるので、私が目指す賞賛される風土づくりに利用しています。褒められることがやりがいにつながるし、メンバー同士で支えて認めあい、よく見て褒めてあげることが育成のポイントだと思うからです」（N氏）

116 第 II 部 経験学習・リフレクション支援に関する分析

「チーム内の関係の質を上げるためには、お互いのことをよく知る必要がある。そのため月に2回のランチで、過去の生い立ち、会社に入ってからやった仕事、仕事の中でやり遂げたいことを話しあっています。チームメンバー間でも、案外お互いのことを知らないものです」（A氏）

N氏、A氏のコメントからわかるのは、チームメンバーが互いのことをよく知り、互いに認め合うことにより、メンバー同士の関係の質を高めていることである。さらに、次のコメントを見てみよう。

「私は昔、パワハラ系の上司で、部下に凄くプレッシャーをかけていました。しかし、振り返ると部下たちは、やりがいがなく、仕事をつまらなそうにしている。結局自分の力だけではどうにもならない。ひとりひとりがやる気になるように、自分はチームで仕事を進める上での、潤滑油になることだと悟りました」（N氏）

N氏は、これまでトップダウン型のリーダーシップスタイルを取っていたと思われるが、これまでの自分のやり方がチームの活力を削いでいたことに気づいている。その上で、メンバーそれぞれの力を引き出し、チームで仕事を進めるリーダーシップスタイルがパフォーマンスにつながると考えている。つまり、チームで仕事を進めることの重要性をマネジャーが理解し、メンバー同士の関係の質を高め、協力しあえるチームをつくることが、部下の心理的安心感につながるということであろう。

最後に、〈中堅社員と連携する〉上で、以下のようなアプローチが取られていた。

「課長代理に現場の声を拾ってもらっています。私の右腕になってもらう人に、部署のマネジメントを手伝ってもらうことが大事だと思っています」（N氏）

「本当に悩んでいるときは、チーム内の信頼がおけるメンバーに「どうしたら良い」と意見を聞くようにしています。仲間をつくって、様々なこと

を自分だけでなく周囲を巻き込んで仕掛けていくようにしていました」（A氏）

これらのコメントからわかるように、N氏やA氏は、現場の声を集めることや、チーム内の課題を相談することにより、中堅社員をチームの運営に巻き込み、チーム内の心理的安心感を高めるマネジメントをしていた。

以上をまとめると、部下育成能力の高いマネジャーは、部下に〈心理的安心感を与える〉ために、マネジメントをサポートする中堅社員の協力を得て、悩みを気軽に話せる場を設定し、お互いを理解しあえるチームをつくることにより、ラポール（心が通い合う関係）の形成に取り組んでいるといえる。

こうした指導に加え、マネジャーは部下の《成長支援の準備》の際に、〈部下を観察する〉ことで、〈キャリアビジョンをもとに動機づけ〉、〈部下の特徴を把握し、強みを伸ば〉し、《仕事のアサインメント》の準備をしていた。どのようにして〈部下を観察〉していたのか、コメントを見てみよう。

「部下を観察しています。しっかりキャッチできるように努める。良い行動をすると、すかさず褒める。例えば「こっちも刺激になるよ」と声をかける。何にしろ気づいたら声をかけるようにしています。部下ひとりひとりに成長してもらうために、観察する、発言を聞く、表情を見る、周りから聞く、本人に聞く。愛を持てば見えてきます」（D氏）

「私は部下の顔色を見ています。くたびれた顔をしているときは、どうしたのかを別の若手の部下に聞かせる。感情とコミュニケーションが部下育成には大切な要素だと思います」（A氏）

このコメントからわかるように、D氏やA氏は、部下の発言、行動、顔色などから部下の状況を観察し、理解することが、部下育成の大切な要素だと考えていると思われる。

また、〈キャリアビジョンをもとに動機づける〉際には、「職務関連」「能力関連」「価値観関連」のキャリアビジョンを設定する育成が行われていた。コ

118 第Ⅱ部 経験学習・リフレクション支援に関する分析

メントを見てみたい。

> 「海外駐在を希望する部下がいます。駐在するとなると、その部下には支
> 社全体、組織を動かすぐらいの力量がないとならない。駐在員になったと
> きに、現地法人でローカルスタッフと一緒に仕事をしていくためには、マ
> ネジメント力も必要だからと伝えた上で、部署の年間目標の達成状況を管
> 理させ、部下の目指すキャリアに合致した役割を与えています」（C氏）

　このコメントからわかることは、C氏が部下の海外駐在希望を踏まえて、部
下に仕事を与え、動機づけていることである。次のコメントを見てみよう。

> 「この仕事を担当することにより、どういうことを身につけてもらいたい
> かを伝えます。そしてやり切らせる。例えば、交渉力を身につけてもらい
> たい、ストレス耐性を身につけてもらいたい場合は、レスポンスのスピー
> ドを上げさせます。やり切ったときに、どういう成長があるかを伝え、小
> さな成功があったときには、皆の前で褒めることにより動機づけていま
> す」（M氏）

　M氏は、部下に仕事を与える際に、能力を向上させるための成長目標を伝え、
与えた仕事をやり切ることを動機づけていることがわかる。さらに次のコメン
トを見てみよう。

> 「自分の将来のキャリアパスのイメージができない部下もいます。その場
> 合は、キャリアパスのイメージをはっきりさせるために、「どうやってい
> る自分が好き」と問いかける。例えば、「細かい仕事を整理するのが好き」
> 「人を育てるのが好き」などが出てくる。そこからその部下の価値観を推
> 測し、それを会議で発表させた上で仕事の割り振りを考えています」（J氏）

　このコメントから、J氏が、将来の自分のキャリアをイメージできない部下
に対しては、コミュニケーションを取り部下の価値観を把握した上で、仕事の
割り振りを検討していることがわかる。以上をまとめると、マネジャーは部下

に仕事をアサインする際に、将来のキャリア、部下が伸ばしたいと思っている能力、部下の価値観など様々な側面から部下の情報を集めて、部下に仕事を与えるための準備をしていることがわかる。

さらに、〈部下の特徴を把握し、強みを伸ばす〉際について、マネジャーは、以下のように語っている。

> 「部下の価値観が多様化しており、<u>自分が相手に合わせてアプローチ</u>しないと部下育成はうまくいきません。部下の強み・弱みを把握して、ひとりひとりに合わせて育成・支援することが大切です」（B氏）

B氏のコメントが示唆するのは、部下の特徴に合わせて指導をしないと、部下育成がうまくいかないということである。次のコメントを見てみよう。

> 「ほとんどの部下が自分の強みを発見できません。<u>強みを発見するコツは美点凝視だと思います</u>。輝いている自分を思い出させたり、職場で全員の良いところを書かせて、それを交換することにより他者から自分の強みを指摘してもらいます。「好きな分野」「得意な分野」「人のためになる分野」の重なり合うところがその人の強みです。<u>弱みは変えられないので、強みを伸ばした方が良いと思う</u>。その上で、今の仕事の中で、<u>強みがどこで使えるかを見極めさせ、組織の中での自分の役割を発見させます</u>」（J氏）

J氏は、様々な手段で部下の強みを発見させようとしている。その上で、自分の強みを活かせる役割を組織の中に発見させ、そうした仕事を与えることが部下を育成するために重要であると考えている。

以上をまとめると、部下育成能力の高いマネジャーは、部下をよく観察し、声をかけ、周りからの情報を収集することにより、部下がどんなキャリアを望んでいるのかを把握し、ひとりひとりの価値観や強みを発見することによって、《成長支援の準備》をしていた。

4.4.2 仕事のアサインメント

第2ステップである《仕事のアサインメント》において、マネジャーは部下に仕事を与える際、〈ストレッチ経験を与える〉ことを重視する傾向にあった。具体的には以下のように「限界を超える仕事を与える」「頑張ればできる仕事を与える」という指導が取られていた。

> 「2年目の若手を指導した際には、普通なら10店の担当が妥当だが、意識的に20店の担当をさせました。<u>ストレッチ経験を与え、観察しながらどこで部下の限界から溢れるかを見ます</u>。溢れさせる意味は、その人のキャパを見るためです。<u>キャパを超えたときに人は一番成長します</u>。そして、そこで把握したキャパを基準に、それ以降の仕事を増やしていきます。なお、彼らのキャパのベースは高めに見積もる。1年目、2年目がベースになるので、高めに設定する。<u>高いジャンプ台から飛ぶと遠くに行けるからです</u>」（L氏）

このコメントからわかるように、L氏は、限界を超えた課題をやり切ったときに、部下が最も成長するという信念を持っている。そのため、優秀な部下に対しては、限界を超える課題を与え、部下の限界がどこにあるのかを見極めようとしている。その上で、部下の成長を最大限に促すために、見極めた限界を超えるストレッチ経験を与え、人材を育成しようとしている。一方、今まで評価の低かった部下を指導するA氏は、以下のように語っている。

> 「今まで評価が低かった人には、<u>ゴールを届くぎりぎりのところに設定する</u>ということだと思います。絶対できないゴールを見せちゃいけないのかなと思っていまして、<u>頑張ればできるゴールを設定する</u>。ただ、頑張れる人と、頑張れない人がいて、頑張れない人にでも少し頑張ればできるところを、今年度やってみませんかということをいって支援します」（A氏）

すなわち、伸び悩んでいる部下に対しては、頑張ればできる課題を与え、小

さな成功を体験させることで自信をつけさせ、成長を支援しているのである。

　ここで注目したいことは、〈ストレッチ経験を与える〉際に、〈仕事を意味づける〉〈期待を伝える〉〈具体的に指導する〉ことで部下を動機づけていた点である。まず〈仕事を意味づける〉際には、以下のように「会社にとっての意味を伝える」「同僚・顧客にとっての意味を考えさせる」という指導行動が取られていた。

　　「仕事を与えるときは<u>背景・意図目的をしっかり伝える</u>ことが大切です。なぜ、あなたがこの仕事をやるのかを自分ごとにさせるため、例えば「この仕事をやり遂げると輝けるよね。君にとっても組織にとっても」「職場のメンバーの成長につながるよね」「事故対応ひとつの中でも、お客様に喜ばれる対応をしよう」などのように、<u>部下のキャリアビジョンと結びつけて伝えています</u>」（P氏）

　P氏のコメントが示唆しているのは、ストレッチ経験を与える際には、部下のキャリアビジョンを前提とし、仕事を任せる意図目的を伝えなければ明確に部下を動機づけることができないということである。次のコメントを見てみよう。

　　「お客様を任せるときは、任せる理由を一緒に考える。当社とお客様は関係が深いか深くないか。関係が深いお客様を任せるのなら、例えば、企業営業の基本を学んでほしいというメッセージを送り、<u>与えた仕事と部下の成長を紐づけて伝えるようにしています</u>」（O氏）

　O氏は、部下の成長目標と結びつけたストレッチ経験を与え、動機づけていた。すなわち、部下にストレッチ経験を与えるためには、会社や同僚にとっての意味、本人の成長目標を踏まえる必要があるが、その際に、《成長支援の準備》において収集された部下のキャリアビジョンや強みに関する情報を利用していると考えられる。また、〈期待を伝える〉場合には、以下のようなアプローチが取られていた。

「仕事を与えるときは期待を込めて 1 対 1 で与えます。全体観を示し、こういう目的で役割が変わると伝えるのです。そして成長してほしいから任せる、期待しているから任せるんだ。失敗すれば俺がフォローすると伝えています」（N 氏）

「5 年後 10 年後、支社を背負って立ってほしいと期待を伝えています」（L 氏）

　つまり、N 氏や L 氏は、部下の成長への期待を明確に伝えた上でストレッチ経験を与えることにより、部下のモチベーションを高めようとしていた。さらに、〈具体的に指導する〉際には、次にあげる、「やり方を見せる」「答えを示す」という指導が行われていた。

「総合職の成長を支援するときは、パターンでは対応できない難易度の高い事案に一緒に取り組みます。その際には、まずは自分がやってみせることが大事です」（I 氏）

「スタッフ部門への働きかけがうまくいかない担当者にガイダンスを行いました。具体的には、まず、失敗事例・成功事例を共有する。次に私が作成したプレゼン資料を見せた後に、本人にやってもらいます」（Q 氏）

　これらのコメントからわかるように、I 氏や Q 氏は、仕事に一緒に取り組んだり、自分が作成した成果物を見せたりすることにより、部下に仕事のプロセス、ゴールイメージを具体的に示していた。また、C 氏は、経験値のない部下を育成する際のポイントを以下のように述べている。

「経験値がない人は、いくら考えてもなかなか答えを出すのに時間がかかってしまうので、経験値とか能力を見極めた上で、しっかりヒントを与える必要があります」（C 氏）

　つまり、経験値がない部下の場合には、仕事が円滑に進むように適切なティ

ーチングが行われていた。以上をまとめると、部下育成能力の高いマネジャー
は、部下に〈ストレッチ経験を与える〉だけでなく、事前に収集した、部下の
キャリアビジョンや強みを踏まえた上で、ストレッチ経験を与える理由を示し、
成長してほしいという期待を伝える。そして、経験値がない部下に対しては、
仕事のゴールやプロセスを具体的に示すことにより、ストレッチ経験に対する
部下の心理的障壁を取り除いていたことがわかる。

4.4.3　リフレクション支援

　第3ステップである《リフレクション支援》において、マネジャーは、まず
〈事実を確認する〉ことを重視していた。コメントを見てみよう。

> 「現場をわかっているのは部下なので、事実を確認することが一番大事だ
> と考えています。そして彼らと一緒に答えをつくり、問題を解決します」
> （E氏）

> 「苦戦していると思われる部下とは2週間に1回面談をしています。まず、
> 私が気になっていることを投げかけ、その後はとにかく部下のいうことを
> 聴き切ります。話すことによって部下が、自分で事実に気づくことが多い
> です」（L氏）

　これらのコメントから、E氏やL氏が、部下が考えている事実を確認する
ことの重要性を認識し、部下の話を傾聴していることがわかる。次のコメント
を見てみよう。

> 「経験とは自分から意識をしないと忘れてしまいます。よって、記録させ
> て、ミーティングで語らせている。うまくいった理由、うまくいかなかっ
> た理由を語らせて、共通項を見出し、セールスする際の「刺さるセールス
> トークづくり」に役立てています」（G氏）

　G氏は、経験の持つ学習資源としての価値を理解した上で、忘れ去られてし

まう経験の特徴を踏まえ、事実を記録させて部下に語らせている。すなわち、部下自身が事実を冷静に振り返り、起こったことを客観視し、整理することにより、経験から学ぶための前提を整えていると考えられる。〈事実を確認〉した後、マネジャーは〈業務分析を支援する〉ために「仕事のプロセスと目的を考えさせる」「問いかけて考えさせる」「ヒントを与えて一緒に考える」「自分で考えさせてやり切らせる」といった指導を行っていた。具体的なコメントは以下のとおりである。

> 「何を期待しているかを伝え、ゴール感は伝えるがプロセスは自分で考えさせます。山の登り方はいくつもあるので、同じ山を登るのでも本人がどういったルートを取りたいのかを決めさせます。決められなかったらサジェスチョンする。プチ成功体験を積めるほど、本人は主体的に動き出します」（H氏、M氏）

H氏とM氏のコメントが示唆するのは、ゴールは明確に伝えるが、プロセスについては部下に考えさせることにより、部下の自律性を高めていることである。次のコメントを見てみよう。

> 「まずは自分で考えさせる。とことんまで考えさせることが大事であると思っています。これは私の持論ですが、すぐに答えを与えてしまう方が、教える側も教えられる側も楽です。しかしそこでやり切らせる、考え抜かせることが、お互いが成長していくために重要です。何かの出来事に対して当事者に「どう思うか」と問いかけること。そうしたやりとりの中で感性は磨かれていくのだと思います」（C氏）

C氏も、部下に考え抜かせることの大切さを語っており、そのために問いかけることを重視していることがわかる。次のコメントを述べたO氏は、部下の能力によってヒントを与える度合いを変えている。

> 「任せ方のステップは、自分で考えてやらせてみる、レベルによってヒントを与える度合いを変える、答えは教えずに議論をして一緒にシナリオを

第 4 章　部下育成能力の高いマネジャーの育成行動　125

考える、自分で考えて行動していると錯覚し、自信になる。自分で考えて完結したという経験は応用が利きます」（O 氏）

　つまり、O 氏は、部下に答えは教えずに、自分自身で考えて完結したと思わせることにより、自信をつけさせ、成功の再現性を高める指導をしている。次のコメントを見てみよう。

　「経験させて、サポートしすぎることなく、自分で考えて、100 点でなくても良いのでまずはやり切らせる。とにかく自分でやり切らせ自信をつけさせることが大事だと思います」（K 氏）

　「課長からいわれてやったことは、多分あまりやり切ったと感じないと思います。いわれてやったことは、再現性がないので、自分の口からいわせることが大事です。自分で考えてやったことは再現性があります。マネジャーは、いいたくなるところを我慢する。自分の口からいわせる、怒らない、叱らない、広い心で耐える必要があります」（A 氏）

　K 氏および A 氏のコメントから考えられることは、自分で考え抜かせやり切らせることの重要性である。すなわち、彼らは、サポートしすぎることは避け、部下に考える余地を与え、やり切らせることにより、部下の成長を支援しているのである。
　さらに、マネジャーは、〈教訓化を支援する〉指導において、以下のような形で、「失敗・成功経験」や「他者の経験」から学ばせていた。

　「ミーティングまたは個別に毎週自分の成果を報告させることにより、学びにつなげています。その中でどこがうまくいったのか、うまくいかなかったのかプロセスを語らせる。そして「どうしてなの」と問いかける。うまくいかないところにヒントがあると考えている。営業はうまくいかないものを見切ればヒットを打てる確率が上がるのです。自分が何をしてきたのかを語らせる。その上で、部下が説明したいことを自分で整理させる。私が知りたいことを説明させるのではない。自ら語らせるのです。答えが

出ない時間が大事であると考えています」（G氏）

　このコメントが示唆することは、部下の成功体験や失敗体験を自分で整理させることの重要性である。G氏は、部下に体験のプロセスを語らせた上で「どうしてなの」と問いかけることにより、部下に振り返りを促し、考えを整理させるための支援をしている。次のコメントを見てみよう。

　　「日常の中で相談されたときに、気づきを与えたり、メール、レポートをつくらせて指摘することも多いのですが、成功要因を考えさせています。まずは個人で考えさせて、さらにチームで考えさせる。四半期ごとにうまくいっていることの成功要因を考えさせることにより、教訓化することを促しています」（K氏）

　K氏の指導の特徴は、成功要因を個人とチームで考えさせ、教訓を抽出していることである。次のM氏は、教訓を抽出するために、以下のコメントのような取り組みを行っている。

　　「社内データベースを活用し、部下がお客様を訪問した際に経験したことを記述させて、経験を記述する過程で内省を促しています。この記述を支社内で共有することにより、ハイパフォーマーのパースペクティブが学べます。私はその記述に全てコメントをしています。本人の記憶が鮮明なうちにフィードバックすることが大事です。このやりとりは支店の全ての人が読むことができるので、他者の経験から学ぶことや、他の部下からのアドバイスも可能です。ハイパフォーマーがどのような観点で営業をしているのかがわかるので、特に営業の初心者にとって、OJTでは伝えきれないことが、ハイパフォーマーのコメントから学べていると感じています」（M氏）

　このコメントからいえることは、教訓は自分の経験から抽出するだけでなく、他者の経験からも学ぶことができるということである。M氏の指導は社内データベースを活用し、他者からノウハウを学べる環境を整備したところに特徴

がある。以上をまとめると、部下育成能力の高いマネジャーは、成果報告会や四半期ごとの成功要因の検討会を開催したり、高業績者の仕事の仕方を学べる環境を整えたりすることにより、部下およびチームが教訓を抽出し、活用しやすい仕組みを構築していることがわかる。

なお、以上の《リフレクション支援》の全般において、マネジャーは、〈承認して自信をつけさせる〉ことを重視していた。コメントを見てみたい。

　「モチベーションをコントロールするために成果を必ず報告させる。成果の報告の数をノルマ化しており、ノルマを達成すれば褒めます。「営業が難しいから嫌いだ」ではなく、「絶対に負けないでやってやろう」と思わせる。そのために数値化しています」（G氏）

　「できたことを少し褒めて、少しずつ伸ばす。落ち込んでいた業績をひとつでも伸ばすことが大切。業績が上がらない人には、頑張ってもらえることをひとつひとつ任せて、できたら褒める。褒めるためには、いつも見ていなければならない。そして声をかけることが大切です」（A氏）

　G氏およびA氏のコメントからわかるように、部下育成能力の高いマネジャーは、リフレクションを支援する際には、成果を報告させたり、与えた目標が少しでもできたら即時に褒めたりすることにより、部下の行動を承認し、部下のモチベーションを保っている。

4.5　小括

　分析の結果、部下育成能力の高いマネジャーの経験学習・リフレクション支援は、《成長支援の準備》《仕事のアサインメント》《リフレクション支援》という3つのステップから構成されていた。すなわち、部下のリフレクションを促進する前提として《成長支援の準備》および《仕事のアサインメント》という指導が行われていることが明らかになった。このステップを具体的に説明すると以下のようになる。第1に、《成長支援の準備》のステップでは、中堅社

員と連携しつつ、まず職場内の心理的安心感を高め、自由な対話を促し、協力しあえるチームをつくるというリフレクションを促進するための職場環境整備が行われていた。その上で、部下育成能力の高いマネジャーは、成長を促す仕事経験を与える準備のために、部下をよく観察し、個々の強みやキャリアビジョンを把握していた。

第2に、《仕事のアサインメント》のステップでは、仕事から得る学びの質を高めるためにストレッチ経験が付与されていた。その際に、仕事を意味づけ、期待を伝え、具体的に指導するという行動が重要になることが明らかになった。

第3に、《リフレクション支援》では、事実を確認し、業務分析を支援した上で、教訓化を支援することが部下の成長を促していた。このとき、承認して自信をつけさせることが全てのリフレクション支援活動を支えていた。

しかし、本章で得たマネジャーによる部下の経験学習・リフレクション支援のプロセスが、部下のどのような心理的状態に影響を及ぼし、学習につながるのかについては明確でない。そこで、次章では、マネジャーによる部下の経験学習・リフレクション支援のプロセスが、部下の心理的状態に及ぼす効果を、定量的に分析する。

4.6 定性分析1と定性分析2の比較

定性分析1および定性分析2で明らかになった育成プロセスを比較したのが表4-3である。育成行動は、《成長支援の準備》《仕事のアサインメント》《リフレクション支援》の3つのステップから構成されるが、このうち《成長支援の準備》と《仕事のアサインメント》は「学習環境の整備」としてまとめることができるだろう。その上で、定性分析1と定性分析2において共通して見られた育成行動は、「心理的安心感を与える」「仕事を意味づける」「期待を伝える」「具体的に指導する」「事実を確認する」「業務分析を支援する」「教訓化を支援する」であった。これに対し、定性分析2で新たに発見された育成行動は「自由な対話を促す」「協力しあえるチームをつくる」「中堅社員と連携する」「部下を観察する」「キャリアビジョンをもとに動機づける」「部下の特徴を把握し、強みを伸ばす」「ストレッチ経験を与える」「承認して自信をつけさせ

表 4-3 定性分析 1 と定性分析 2 の比較表

		定性分析 1	定性分析 2
成長支援の準備	状況を把握する	○	
	心理的安心感を与える	○	○
	自由な対話を促す		○
	協力しあえるチームをつくる		○
	中堅社員と連携する		○
	部下を観察する		○
	キャリアビジョンをもとに動機づける		○
	部下の特徴を把握し、強みを伸ばす		○
仕事のアサインメント	ストレッチ経験を与える		○
	仕事を意味づける	○	○
	期待を伝える	○	○
	具体的に指導する	○	○
リフレクション支援	事実を確認する	○	○
	業務分析を支援する	○	○
	教訓化を支援する	○	○
	実行を支援する	○	
	承認して自信をつけさせる		○
	定期的にコミュニケーションを取る	○	
	やり切らせる	○	

る」であった。

　新たな育成行動が抽出されたのは、定性分析 2 の調査対象者が、部下育成経験が豊富で、組織マネジメントを担っている部下育成能力の高いマネジャーであること、および定性分析 1 では自由記述調査データを分析したが、定性分析 2 では、質問によってより詳細なデータを収集・分析したことによると考えられる。一方、共通して抽出できた指導項目については、定性分析 1 の成功事例および定性分析 2 の部下育成能力の高いマネジャー育成行動から抽出されていることから、部下育成の重要な方法であると思われる。

注

(1) 本章は『日本労務学会誌』(2021 年 22 巻 1 号) に掲載された論文「リフレクションを中心とした経験学習支援：マネジャーによる部下育成行動の質的分析」をもとに、編集委員会の許可を得て掲載している。また、この論文においては、紙面の制

約上、インタビューのコメントを「だ・である調」で示した。本章では、紙面に制約がないため、インタビュー時の発言に基づいてコメントを「です・ます調」に統一するとともに、前後の発言についても加筆掲載した。

第5章　管理職コーチングの効果：定量分析1

　本章の目的は、第3章、第4章で発見された管理職コーチング行動が、部下の心理的状態にどのような影響を与えているかを定量的に検証することである。具体的には、第3章、第4章で実施した定性研究により明らかにされた、「心理的安心感を与える」「仕事を意味づける」「リフレクション支援」などの管理職コーチング行動が、プロアクティブ行動、ワーク・エンゲージメント、心理的エンパワーメント、リフレクションにどのような影響を与えているかを検証する。なお、第3章、第4章では、経験学習・リフレクション支援としてきたが、以降は管理職コーチング行動とする。なぜなら、本研究では、管理職コーチングを「部下の仕事におけるパフォーマンスを改善させることを目的として、マネジャーが1対1で部下にフィードバックやガイドを提供し、個人とチームに影響を与える活動」と定義しているが、この定義に、経験学習・リフレクション支援が含まれると考えられるからである。

　また、すでに述べたように、本研究は混合研究法を採用している。改めて説明すると、混合研究法とは、研究課題をよりよく理解するために定量的データと定性的データの両方を収集し、2つを統合し、両方のデータが持つ強みを合わせたところから推論を導き出す、行動科学、社会科学、そして健康科学における研究方法論である（Creswell, 2014）。本研究では、定性的データを定量的データによって強化し、妥当性、信頼性を高めることを目的に、この研究法を採用した。混合研究法にはいくつかの研究デザインがあるが、本研究では、最初に定性的データを収集および分析することにより問題を探索する「探索的順次デザイン」を使用した。「探索的順次デザイン」では、①定性的データ収集・分析、②定性的段階：尺度のデザイン、③定量的段階：尺度の検証、④推論の検証というステップで研究が進む（Creswell, 2014）。これに基づき本研究では、定性的分析で抽出された管理職コーチング行動に関する定性的データをもとに、質問票を開発し、測定尺度の信頼性を評価した上で、定量的調査を実施し、開発した測定尺度と部下の心理的状態との関係を調べ、最後に結果を検

132 第II部 経験学習・リフレクション支援に関する分析

証した。以下では、プロアクティブ行動、ワーク・エンゲージメント、心理的エンパワーメント、リフレクションに着目した理由を述べる。次に、それらの概念と管理職コーチング行動の課題について説明し、本研究における問いを導出した上で、本研究で使用した、管理職コーチング行動の尺度開発について述べる。最後に研究方法を解説し、結論に導く。

5.1　4つの心理的状態の選択理由

　松尾（Matsuo, 2015）は、「人がいかに経験から学んでいるのか」という問いを質的に検討し、図5-1に示した、ストレッチ（挑戦的仕事）、リフレクション（内省）、エンジョイメント（仕事のやりがい）、思い（学習志向）、つながり（成長支援ネットワーク）により構成される「経験から学ぶ能力」のモデルを提示している。「ストレッチ（挑戦的仕事）」とは、与えられた仕事を遂行するにあたり、挑戦的な目標を設定する力を指す。「リフレクション（内省）」とは、自分の行動、他人の行動、そのときの状況を客観的に捉えて、仕事経験を適切に振り返る能力のことである。「エンジョイメント（仕事のやりがい）」とは、やりがいを感じたり、自ら仕事の意味や意義を設定したりする力を指す。「思い（学習志向）」とは、「ストレッチ」「リフレクション」「エンジョイメント」を高める原動力であり、個人が大切にしている考え方やこだわり、特に自己成長に関する思いのことである。「つながり（成長支援ネットワーク）」とは、「ストレッチ」「リフレクション」「エンジョイメント」を高めるもうひとつの原動力であり、成長を支援してくれる他者とのつながりのことを指し、成長している人材ほど、自分の考えを「壁打ち」のように相談できる他者とのつながりがある（松尾, 2019）。そして、中央に位置する「思い」と「つながり」が、その外側に位置する「ストレッチ」「リフレクション」「エンジョイメント」を促進し、結果として経験学習モデルの「具体的経験」「内省的観察」「抽象的概念化」「積極的実験」を活性化することが想定されている。

　その後、松尾（2021）は、これらの「経験から学ぶ能力」と、すでに先行研究によって信頼性と妥当性が確認されている測定尺度との関係を検証している。その結果、「リフレクション」については、ウエスト（West, 1996）の示したリ

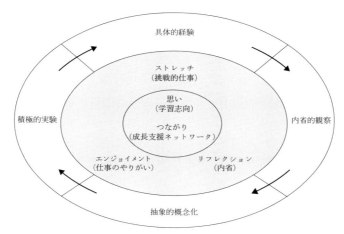

図 5-1 「経験から学ぶ能力」のモデル（Matsuo, 2015）

フレクションと対応し、「エンジョイメント」は、シャウフェリら（Schaufeli et al., 2006）によるワーク・エンゲージメントおよび、スプレイツアー（Spreitzer, 1995）が示した心理的エンパワーメントと対応することを示している。一方「ストレッチ」とプロアクティブ行動との関係は、松尾（2021）の中では示されていないが、プロアクティブ行動が、個人の仕事に対する積極性に関する概念であることを考えると、「ストレッチ」と関係していると考えて良いだろう。

　本研究の問いが、「マネジャーは、部下の成長を促すために、どのようなプロセスによって経験学習・リフレクションを支援し、どのような効果を与えているのか」であることを考えると、後述する管理職コーチング行動の次元と経験学習の各次元を活性化する「経験から学ぶ能力」との関係を示すことが重要であると考え、部下の心理的状態としてプロアクティブ行動、ワーク・エンゲージメント、心理的エンパワーメント、リフレクションに着目した。

5.2 管理職コーチングと部下の心理的状態

5.2.1 管理職コーチング行動

　第1章で説明したように、松尾（2015）は、先行研究をレビューした上で、管理職コーチング行動を「基盤形成」「内省支援」「問題解決支援」「挑戦支援」という4つのステップに分けている。具体的には、「基盤形成」とは、部下との信頼関係を築き、部下を理解した上で、期待される成果について共有し、部下の現状を分析し、相互理解することである。「内省支援」とは、質問によって部下の思考を促し、アイデアを引き出すことを支援するとともに、視野を広げ、視点を高く持たせることによってものの見方を変化させることである。「問題解決支援」とは、部下の業績改善のための建設的なフィードバックやリソースを提供することで、部下が主体的に問題解決できるように支援することである。「挑戦支援」とは、部下のさらなる成長を期待し、新たな挑戦的課題を付与することで成長や挑戦を促すことである。

　これらの4つのステップに、先行研究で多く使われている、エリンジャーら（Ellinger et al., 2003）の尺度とヘスリンら（Heslin et al., 2006）の尺度を当てはめると、表5-1で示すように、どちらの尺度にも「基盤形成」「内省支援」「問題解決支援」は含まれるものの、エリンジャー（Ellinger et al., 2003）らの尺度においては「挑戦支援」が見当たらない。また、同様に先行研究で活用されている尺度である、マクリーンら（McLean et al., 2005）の尺度は、「オープン・コミュニケーション」「チーム・アプローチ」「人を大切にする」「曖昧さを受け入れる」の4因子構造により構成され、このうち「曖昧さを受け入れる」の中に「他者と協働するときは、正解を示すのではなく、実現可能な答えが複数あるような質問をする」という尺度はあるものの、リフレクションに直接的につながる尺度が見当たらない。

　以上により、ハーゲン（Hagen, 2012）が述べているように、管理職コーチング行動の尺度は、研究者間での合意が得られていないと考えられる。

表 5-1 管理職コーチングの尺度の比較

		Ellinger et al. (2003)	Heslin et al. (2006)
基盤形成	期待される成果について話す	部下への期待を明確にし、組織の目標とのつながりを明確にする	期待される成果のレベルを伝えている
内省支援	質問して考えさせる	質問することで問題について考えさせる	部下のアイデアを引き出す役割をしている
	見方を広げる	全体像を見せて視野を広げる	問題を解決するために創造的に考えることを支援している
		ロールプレイによって見方を変える	新しい可能性や解決策を探求することを促している
問題解決支援	フィードバックを与える	建設的なフィードバックを与える	改善が必要な点について建設的なフィードバックを提供している
		比喩や例えを用いて学習を促す	業績を改善するために役立つアドバイスをしている
	部下からのフィードバックを求める	コーチングの効果について部下からの意見を求める	
	主体的な問題解決を促す		
	資源を提供する	仕事を進めやすいように資源を提供する	業務遂行の現状を分析する手伝いをしている
挑戦支援	成長や挑戦を促す		部下が成長できることを確信を持って伝える
			継続的に成長できるように励ましている
			新しい課題に取り組むことを支援している

5.2.2 プロアクティブ行動

　プロアクティブ行動とは、従業員が自分自身や環境に影響を与えるために取る予測的行動のことである（Grant, & Ashford, 2008）。具体的には、個人が個々の仕事の状況、役割または自分自身を変えるために自発的に未来志向の行動を取っている程度を示す「個人のタスクに対する積極性」、個人がチームの状況や働き方を変えるために自発的に未来志向の行動を取っている程度を示す「チームメンバーの積極性」および、個人が組織の働き方を変えるために自発的に未来志向の行動を取っている程度を示す「組織メンバーの積極性」に分類することができる（Griffin et al., 2007）。

　このような個人の積極性を促すためには、上述した、部下が新しい課題に取り組むことをマネジャーが支援するなどの「挑戦支援」が必要と考えられる。

136　第Ⅱ部　経験学習・リフレクション支援に関する分析

また、尾形（2020）は、マネジャーの発展的フィードバックが若年ホワイトカラーのプロアクティブ行動を促進することを示しており、この発展的フィードバックが、管理職コーチング行動における「挑戦支援」に該当すると想定できる。

5.2.3　ワーク・エンゲージメント

ワーク・エンゲージメントとは、仕事に対する、ポジティブで充実した精神状態のことであり、その特徴として活力（vigor）、献身（dedication）、没頭（absorption）があげられる（Schaufeli et al., 2006）。活力とは、努力して仕事をしようとする意欲や、困難に直面したときの粘り強さなど、エネルギーに満ち、精神的回復力の強い状態を指す。献身とは、自分の仕事に強く関与し、意義、熱意、インスピレーション、プライド、挑戦を感じている状態を指す。没頭は、仕事に完全に集中し、楽しく取り組んでいる状態を指す（Schaufeli, 2013）。

島津ら（Shimazu et al., 2010）が実施した、ワーク・エンゲージメントの国際比較調査によると、オーストラリア、ベルギー、カナダ、中国、チェコ、フィンランド、フランス、ドイツ、ギリシャ、イタリア、オランダ、ノルウェー、南アフリカ、スペイン、スウェーデン、日本の中で、日本が最低のスコアであった。島津ら（Shimazu et al., 2010）は、肯定的感情を表出することを抑制する日本人の傾向を踏まえ、日本人のエンゲージメントスコアが低く、欧米人のエンゲージメントスコアが高いという解釈には注意が必要であると注意しているものの、日本人はポジティブに働けていない可能性が高いということであろう。

ワーク・エンゲージメントが、仕事に対するポジティブな状態であることから、それを高めるためには、マネジャーによる管理職コーチング行動である「基盤形成」「内省支援」「問題解決支援」「挑戦支援」の全てのステップの支援が必要と思われる。なお、アリら（Ali et al., 2018）は、管理職コーチングが、ワーク・エンゲージメントを媒介して、部下の業務遂行能力向上に正の影響を与えることを示している。また、ゾネンタークら（Sonnentag et al., 2010）は、ワーク・エンゲージメントの規定要因・結果要因を説明するモデルの中で、マネジャーの行動が、ワーク・エンゲージメントを通して、ジョブ・パフォーマンス向上につながっていることを示している。さらに、レディシェフスキーと

タプリン（Ladyshewsky, & Taplin, 2017）は、マネジャーのコーチング行動に対する部下の認知と、部下のワーク・エンゲージメントの間に、正の有意な関係があることを明らかにした。リーら（Lee et al., 2019）は、変革型リーダーシップとワーク・エンゲージメントの関係をコーチングが媒介することを示している。このように、ワーク・エンゲージメントはすでに管理職コーチングによる影響が示されている概念であるが、本研究により開発する次元との関係を確認するために、検討の対象に含めることにした。

5.2.4　心理的エンパワーメント

　心理的エンパワーメントは、意味、能力、自己決定、インパクトという要素で構成される動機づけの概念である。具体的には、「意味」は、仕事の目的や目標が、自分の理想や基準に照らして価値があることと定義される。「能力」は、仕事の中で、自分が遂行能力を有するという信念である。「自己決定」は、作業方法や仕事を進めるペース、労力などの、仕事における行動やプロセスを自分で決定できるという知覚を指す。「インパクト」とは、自分が職場において戦略的、管理的、または運用上の成果に影響を与えることができる度合いのことである（Spreitzer, 1995）。つまり、「自分の仕事に価値を感じ、その仕事を遂行できると知覚した上で、仕事に関する意思決定をコントロールし、成果に影響を与えることができる」と感じる人ほど、心理的エンパワーメントが高いといえる。

　心理的エンパワーメントは、仕事に取り組む際の動機づけを示す概念であり、エリンジャーら（Ellinger et al., 2011）による「期待を明確にし、伝達する」「従業員への権限の委譲」という「基盤形成」のステップにより促されると考えられる。また、ガブリエルら（Gabriel et al., 2014）は、部下にフィードバックを求める思考がある場合、マネジャーのフィードバックにより部下の心理的エンパワーメントが増大することを明らかにしている。このマネジャーのフィードバックが、管理職コーチング行動における「問題解決支援」に該当するといえる。

　なお、第1章で説明したとおり、コーチングを活用するマネジャーは、①部下とオープンにコミュニケーションを取ることにより、組織に対する自分の貢献と重要性を部下に理解させ、それによって「意味」を育み、②様々な方法に

より、部下の「能力」を高めることに専念し、③仕事よりも人を大切にし、環境の曖昧さを受け入れることができるため、部下により高い自律性を与え、「自己決定」を経験させ、④チームワークと意思決定への部下の参加を促すことで、知識や専門性を共有する機会を部下に提供することにより、部下の行動が仕事の成果を左右するという「インパクト」を高める可能性が示されており（Huang, & Hsieh, 2015）、管理職コーチングと心理的エンパワーメントの関係を示している。このように、心理的エンパワーメントも管理職コーチングによる影響が示されている概念であるが、ワーク・エンゲージメントと同様に、本研究により開発する次元との関係を確認するために、検討の対象に含めることにした。

5.2.5　リフレクション

　リフレクションは、行為を改善することを目的とした認知的活動と定義される（Hatton, & Smith, 1995）。具体的には、仕事上の目標、進め方、アプローチを見直し、自分がうまく働けているかどうかを振り返る姿勢があるかを指しており（West, 1996）、より深い学習と複雑で統合された知識体系を生み出すプロセスと見なされている（Kori et al., 2014）。

　リフレクションは、自分の行為を振り返る姿勢を指していることから、質問することによって問題について考えさせるなどの「内省支援」のステップにより促されると考えられる。なお、第1章で述べたように、松尾（Matsuo, 2018）は、日本の製造業2社の98のエンジニアリングチームに属する506名の従業員に対する調査により、チーム・リフレクションと個人のリフレクションは管理職コーチングと個人の学習を媒介し、相互に作用していることを報告しており、リフレクションもすでに管理職コーチングによる影響が示唆されている概念である。しかし、どのような管理職コーチング行動がリフレクションに影響を与えるかについては明確ではない。そのため、本研究により開発する次元との関係を確認するために、検討の対象に含めることにした。

5.2.6　リサーチ・クエスチョン

　管理職コーチング行動の課題、およびプロアクティブ行動、ワーク・エンゲージメント、心理的エンパワーメント、リフレクションと管理職コーチングの関係を検討した先行研究をレビューした結果、管理職コーチングの次元が網羅的に検討されていないこと、および、管理職コーチングの影響を受ける部下の心理的状態について十分に検討されていないことが明らかになった。この点を明らかにすることは、組織において管理職コーチングを効果的に運用するために重要と考えられる。また、管理職コーチングの次元と管理職コーチングに影響を受ける部下の心理的状態を明らかにすることで、コーチング研究に一定の貢献ができると考える。

　こうした点を踏まえ、本研究では、次のようなリサーチ・クエスチョン（RQ）を提示したい。

　　　RQ：どのような管理職コーチング行動が、プロアクティブ行動、ワーク・エンゲージメント、心理的エンパワーメント、リフレクションという部下の心理的状態に効果を与えているのか。

　以下では、本研究で開発した管理職コーチング行動の尺度と、本研究で使用したプロアクティブ行動、ワーク・エンゲージメント、心理的エンパワーメント、リフレクションの尺度について説明する。

5.3　管理職コーチング行動の尺度の開発

　本研究は、上述したように混合研究法を用いているため、質的研究により抽出された概念を尺度化し、定量的に検討する必要がある。また、質問票を作成した理由は、管理職コーチング研究における既存次元が、コーチングの対話や介入といったスキルに関するものに集中しており、管理職コーチング行動の測定尺度を開発すべきであるという指摘があるからである（松尾, 2015）。

140　第 II 部　経験学習・リフレクション支援に関する分析

　尺度の開発は以下の手順で実施した。前章で説明したように、大手保険会社
B 社の、部下を指導・育成する能力が高いという評価を受けている、部長・支
社長クラスの上級マネジャー 17 名を対象としたインタビュー調査を実施し、
質的に分析した。結果、マネジャーによる指導は「成長支援の準備」「仕事の
アサインメント」「リフレクション支援」のステップで構成されており、「成長
支援の準備」のステップでは、「心理的安心感を与える」「自由な対話を促す」
「協力しあえるチームをつくる」「中堅社員と連携する」「部下を観察する」「キ
ャリアビジョンをもとに動機づける」「部下の特徴を把握した上で強みを伸ば
す」の次元が抽出された。さらに、「仕事のアサインメント」のステップでは、
「ストレッチ経験を与える」「仕事を意味づける」「期待を伝える」「具体的に指
導する」の次元を、「リフレクション支援」のステップでは、「事実を確認す
る」「業務分析を支援する」「教訓化を支援する」「承認して自信をつけさせる」
の次元を抽出することができた。この分類に基づいて、定量分析のための 75
項目からなる質問票を作成した。この質問票の調査対象となった B 社人事部
内でサンプル調査を行い、同社内での答えやすさを基準に修正した。さらに、
内容的妥当性を担保するため、尺度開発経験が豊富であり、筆者と類似した研
究経験や視点を有する研究者 1 名に項目のチェックを依頼し、修正を加えた。
以下では、具体的な調査の内容を説明する。

5.4　研究の方法

5.4.1　調査対象者

　調査は、大手保険会社 B 社の、次長・課長級のマネジャーとその部下を分析
対象とした。調査は 1 回目調査と 2 回目調査に分けて実施しており、1 回目調
査では、マネジャー 80 名と、その部下 599 名を対象とし、2 回目調査は、上
述した 80 名のマネジャーの部下である 559 名を対象とした。1 回目と 2 回目の
部下の人数が違うのは、1 回目に回答し、2 回目に回答しなかった部下がいた
ためである。また、マネジャー 8 名が、2 回目の調査に回答しなかったため、
分析対象は、マネジャー 72 名とその部下となった。分析対象のマネジャーの

性別は男性 92%、女性 8%、年齢は 30 代 19%、40 代 69%、50 代 12%、職種はサービス部門 21%、営業部門 56%、損害サービス部門 23%であった。また、1 回目調査の分析対象となった部下の属性は、男性 35%、女性 63%、回答なしが 2%、年齢は 20 代 27%、30 代 35%、40 代 18%、50 代 15%、60 代 5%、職種はサービス部門 15%、営業部門 51%、損害サービス部門 34%、役職は一般従業員 13%、主任・副主任クラス 46%、課長代理クラス 23%、次長・課長クラス 2%、その他 16%であった。2 回目調査の分析対象となった部下の属性は、男性 35%、女性 63%、回答なしが 2%、年齢は 20 代 27%、30 代 32%、40 代 19%、50 代 16%、60 代 6%、職種はサービス部門 15%、営業部門 51%、損害サービス部門 34%、役職は一般従業員 13%、主任・副主任クラス 47%、課長代理クラス 21%、次長・課長クラス 2%、その他 17%であった。

5.4.2　調査手続き

　次に、2020 年 7 月～11 月まで、まず B 社の次長・課長級のマネジャーとその部下を対象に、管理職コーチングに関するオンラインによる質問紙調査を実施し、マネジャーによる管理職コーチングに関する次元を確定させ、信頼性と妥当性を検証した。次長・課長級を対象としたのは、部下に対する管理職コーチングの影響が最も明確に示される層と考えたからである。次に、上述した管理職コーチングに関する質問紙調査に協力したマネジャーの部下を対象に、プロアクティブ行動、ワーク・エンゲージメント、心理的エンパワーメント、リフレクションに関するオンラインによる質問紙調査を実施した。その上で、マネジャーによる管理職コーチングが、部下の心理的状態に与える効果について分析した。具体的には、1 回目と 2 回目のデータを、マネジャーを分析単位（n=72）とし、特定のマネジャーの部下データを平均値化することにより分析した。ただし、因子分析は部下データ（n=559）を用いた（図 5-2）。

　本調査は、独立変数と従属変数に関するデータを同一の対象群から取得しているため、分析の結果にゆがみが生じるコモンメソッドバイアスの影響が懸念される。これを回避するため、ポッズアコフら（Podsakoff et al., 2003）の勧める調査手法上の工夫として、独立変数であるマネジャーによる管理職コーチングに関する調査の 3 カ月後に、従属変数である部下のプロアクティブ行動、ワー

図 5-2　調査手続き

ク・エンゲージメント、心理的エンパワーメント、リフレクションに関する調査を実施した。また同様の工夫として、匿名による評定を依頼した。

5.4.3　調査項目の構成

1回目の調査においては、前章で示した定性的調査の結果から作成した、マネジャーによる管理職コーチングを測定する質問項目を用いた。2回目調査においては、プロアクティブ行動（Griffin et al., 2007）、ワーク・エンゲージメント（Schaufeli et al., 2006）、心理的エンパワーメント（Spreitzer, 1995）、リフレクション（West, 1996）の各尺度および統制変数を構成する質問項目を用いた。1回目、2回目ともにウェブによる質問紙調査を行った。各尺度を構成する質問項目および回答法については、次の5.5節で述べる。

5.5　調査項目

5.5.1　管理職コーチング

マネジャーによる管理職コーチングの測定には、第4章の質的調査をもとに作成した75項目の質問票を利用した。なお、質問項目には、部下が知覚しているマネジャーの管理職コーチングを採用した。その理由は、三隅・藤田（1972）と榊原（2004）を参照し、OJTやリーダーシップ関連の研究では、自己評価ではなく部下評価が一般的であると考えたからである。具体的には、「安心して行動できると感じられるようなチームの雰囲気づくりに努めている」「仕事を与える際に、仕事の背景や目的を明確に説明している」「部下に答えを

第5章　管理職コーチングの効果　143

与えず、ヒントを与えて本人に考えさせ、仕事をやり切らせている」「部下の
キャリアビジョンに基づき、仕事に対する動機づけをしている」などであり、
マネジャーが部下の成長を促すためにどのような行動を取っているかを聞く教
示文に対し、5件法（全くそのとおり～全く違う）で評定を求めた。

5.5.2　プロアクティブ行動

　プロアクティブ行動は、グリフィンら（Griffin et al., 2007）が開発した6項目
からなる尺度を用いて測定した。質問項目は、「重要な業務をよりよく実施す
る方法を試している」「重要な業務の進め方について改善案を出している」「重
要な業務を進める方法を変更している」「職場の業務をより効率化するための
方法を提案している」「職場のパフォーマンスを高めるための方法を開発した
り改善したりしている」「職場における業務遂行の方法を改善している」であ
り、「あなたがどのように仕事に対する改善や変更をしているか、取り組みの
程度についてお伺いします」という教示文に対し、5件法（常に～全くない）で
評定を求めた。

5.5.3　ワーク・エンゲージメント

　ワーク・エンゲージメントは、シャウフェリら（Schaufeli et al., 2006）が開発
した9項目からなる尺度を用いて測定した。質問項目は、「仕事をしていると
き、活力が満ちている感じがする」「仕事をしているとき、自分の中に力強さ
や活力を感じる」「自分の仕事に夢中になっている」「仕事は、私にやる気を与
えてくれる」「朝目覚めたとき、仕事がしたくなる」「集中して仕事をしている
とき、幸せを感じる」「自分の仕事に誇りを感じる」「仕事に打ち込んでいる」
「仕事をしていると、気分が上がる」であり、「仕事をしているときの、あなた
の状態についてお伺いします」という教示文に対し、5件法（常に～全くない）
で評定を求めた。

5.5.4 心理的エンパワーメント

　心理的エンパワーメントは、スプレイツアー（Spreitzer, 1995）が開発した12項目からなる尺度を用いて測定した。質問項目は、「私が行っている仕事は自分にとって大変重要である」「私の業務活動は個人的に意味がある」「私が行っている仕事は自分にとって意味がある」「私は、仕事を実行する能力について自信がある」「私は、仕事上の活動を行う能力を持っていると確信している」「私は、仕事に必要なスキルを習得している」「私は、仕事の進め方について裁量権を持っている」「私は、仕事をどのように進めるかを決めることができる」「仕事の方法を自由に決める機会が多い」「職場で起こることに対し、私の影響力は大きい」「職場で起こるたいていのことはコントロールできる」「職場で起こることに対して大きな影響力を持っている」であり、「今の仕事をどのように捉えているかについてお伺いします」という教示文に対し、5件法（全くそのとおり〜全く違う）で評定を求めた。

5.5.5 リフレクション

　リフレクションは、ウエスト（West, 1996）が開発した5項目からなる尺度を用いて測定した。質問項目は、「仕事上の目標を見直すことが多い」「自分がうまく働けているかどうかを振り返ることが多い」「仕事の進め方を見直すことが多い」「状況の変化に応じて仕事の目標を修正している」「仕事のアプローチを見直すことが多い」であり、「あなたが仕事を振り返るときの「基本的な姿勢」についてお伺いします」という教示文に対し、5件法（全くそのとおり〜全く違う）で評定を求めた。

　なお、定量分析を構成している質問票のうち、先行研究に基づく尺度については、全ての質問項目について、オリジナルの意味が損なわれることがないように、日英のバイリンガルによる back translation を行った（Ozolins, 2009）。

　以下では、具体的な分析結果について説明する。

5.6　分析結果

5.6.1　尺度の構成

　尺度を構成するために、項目ごとに因子分析を行った。因子分析を行うにあたり、全ての質問項目について、得点分布、平均値、標準偏差を算出し、天井効果およびフロア効果を確認した。その結果、前章における質的分析をもとに作成したマネジャーによる管理職コーチングに関する質問75項目のうち、2項目で天井効果と考えられる得点分布の偏りが見られたため、それらの項目を以降の分析から除外した。それ以外の質問項目においては、天井効果およびフロア効果が見られないことを確認した。分析には、統計解析ソフト SPSS ver. 26 および AMOS ver. 27 を使用した。また、適合度の判断についてはフーとベントラー（Hu, & Bentler, 1999）のカットオフ基準を参考にした。各尺度の因子構成は以下のとおりである。

5.6.2　管理職コーチング

　上述した、管理職コーチングに関する質問75項目について、まず、構成概念妥当性を確認するため、主因子法・プロマックス回転による探索的因子分析を行った。まず、因子に対して因子負荷量が低い項目を除去した。次に、削除したときに α 係数が大きく増加する項目を除去した。さらに、α 係数が低い因子を除去、というプロセスを繰り返した。特定の因子に含まれる項目の因子負荷量が0.4以上、因子に含まれる項目を尺度化した場合の信頼性係数（クロンバックの α 係数）が0.7以上になった時点で因子分析を終了した。

　結果、管理職コーチングは表5-2のとおり、51項目8因子構造となったが、第8因子については、2項目しか抽出されなかったことからモデルから除外することとした。最後に、49項目7因子構造が妥当であると仮定し、確認的因子分析を行い、$\chi^2 = 2723.64$、df＝1104、χ^2/df＝2.47、CFI＝.927、SRMR＝.045となった。CFIがやや低いが許容できる適合度と判断し、7因子モデルを採用することとした。基準関連妥当性については、調査対象であるB社から外的基

146 第 II 部 経験学習・リフレクション支援に関する分析

表 5-2 管理職コーチング行動の尺度

部下が知覚したマネジャーによる育成行動	因子負荷量
心理的安心感の醸成	
安心して行動できると感じられるようなチームの雰囲気づくりに努めている。	.93
部下の意見を大切にしているように感じる。	.89
チームの中で部下が発言しやすい雰囲気を醸成している。	.84
部下同士が、お互いをよく知りあうための場づくりをしている。	.79
チーム内で部下同士の自由な対話を促している。	.77
部下同士の信頼関係を築くために様々な取り組みを行っている。	.77
部下同士が協力しあえるチームをつくろうと心がけている。	.76
部下同士のつながり、チームで仕事に取り組むことの大切さを重視している。	.63
部下ひとりひとりがやる気になる職場づくりに取り組んでいる。	.52
部下に自分のことをオープンに話し、自己開示している。	.51
失敗を許容する環境づくりを心がけている。	.49
部下の日々の様子を見守ってくれている。	.49
定期的に部下の意見を聞くために時間を設けている。	.46
部下の役割を明確にし、サポートしあえるチームをつくろうとしている。	.45
最後は自分が責任を負うことを部下に伝えている。	.45
部下の状況をしっかり把握していると思う。	.43
リフレクション支援	
部下が質問したとしても、簡単に答えを与えずに自分で考えさせようとする。	.88
部下に答えを与えず、ヒントを与えて本人に考えさせ、仕事をやり切らせている。	.83
仕事のゴールは伝えるが、プロセスは部下に考えさせるようにしている。	.72
部下に問いかけて、仕事の進め方を考えさせている。	.65
部下に考え抜かせ、経験から学ばせようとしている。	.63
仕事が失敗した原因を部下に考えさせるようにしている。	.62
仕事が成功した原因を部下に考えさせるようにしている。	.59
部下にアドバイスしつつも、本人に「何とか自力でやり切った」と感じさせる指導をしている。	.58
仕事の過程で、仕事の本質的な目的を部下に考えさせている。	.55
キャリア支援	
部下の希望する職位や職種を踏まえて、部下のキャリアビジョン（なりたい姿）の設定を支援している。	.87
部下の能力的な成長目標を踏まえて、部下のキャリアビジョン（なりたい姿）の設定を支援している。	.86
部下の仕事に対する価値観を踏まえて、部下のキャリアビジョン（なりたい姿）の設定を支援している。	.78
部下のキャリアビジョン（なりたい姿）について相談にのっている。	.68
部下のキャリアビジョン（なりたい姿）に基づき、仕事に対する動機づけをしている。	.59
仕事の意味づけ	
仕事を与える際に、組織におけるその仕事の重要性を伝えている。	.89
仕事を与える際に、その仕事と部下の成長の関係を伝えている。	.84
仕事を与える際に、組織ビジョンと関連づけて説明している。	.72
仕事を与える際に、仕事の背景や目的を明確に説明している。	.70
仕事を与える際に、部下のキャリアビジョン（なりたい姿）と仕事の関わりを示している。	.59
仕事を与える際に、顧客等（エンドユーザー）にとってのその仕事の重要性を考えさせている。	.52
期待される成果のレベルを部下に伝えている。	.42
中堅社員の活用	
中堅社員にマネジメントの仕事の一部を任せている。	.79
部署の会議や打ち合わせの進行を中核社員に任せている。	.66
場づくりをする上で頼れる中核社員がいる。	.62
中堅社員は、自組織（チーム）のビジョンを共有している。	.47
困ったときは職位・等級の近い部下に意見を聞いている。	.44

具体的指導	
部下に仕事をやって見せることがある。	.84
難易度の高い案件については一緒に仕事に取り組んでくれる。	.73
経験が浅い部下に対しては、答えを示すことがある。	.64
経験が浅い部下に対しては、具体的にやり方を教えている。	.58
承認	
部下の行動が改善されると、すかさず褒めている。	.81
部下の小さな成功でも褒めている。	.78
部下ができるようになった点を積極的に見つけている。	.76

準を取得することが難しく、検証できていない。

第1因子は、「安心して行動できると感じられるようなチームの雰囲気づくりに努めている」「チームの中で部下が発言しやすい雰囲気を醸成している」など16項目により、マネジャーが部下を心理的に安全な状態にする行動がまとまったため、「心理的安心感の醸成」因子とした。信頼性の検証にはクロンバックの α 係数を用いた。分析の結果、信頼性係数は $\alpha = .949$ であった。

第2因子は、「部下が質問したとしても、簡単に答えを与えずに自分で考えさせようとする」「仕事が成功した原因を部下に考えさせるようにしている」など9項目により、部下に業務分析・教訓化を促す行動がまとまったため、「リフレクション支援」因子とした。信頼性係数は $\alpha = .922$ であった。

第3因子は、「部下の希望する職位や職種を踏まえて、部下のキャリアビジョン（なりたい姿）の設定を支援している」「部下のキャリアビジョン（なりたい姿）について相談にのっている」など5項目により、部下のキャリアを支援する行動がまとまったため、「キャリア支援」因子とした。信頼性係数は $\alpha = .947$ であった。

第4因子は、「仕事を与える際に、組織におけるその仕事の重要性を伝えている」「仕事を与える際に、仕事の背景や目的を明確に説明している」など7項目により、仕事を与える際に上司が部下に伝える仕事の意味づけに関する行動がまとまったため、「仕事の意味づけ」因子とした。信頼性係数は $\alpha = .917$ であった。

第5因子は、「中堅社員にマネジメントの仕事の一部を任せている」「部署の会議や打ち合わせの進行を中堅社員に任せている」などで構成されていた。中核社員とは、場づくりをする上で頼れる部下のことであり、中堅社員をチームの運営に効果的に関わらせている5項目がまとまったため、「中堅社員の活用」

因子とした。信頼性係数は $\alpha = .799$ であった。

第6因子は、「部下に仕事をやって見せることがある」「経験が浅い部下に対しては、答えを示すことがある」など4項目により、ティーチングに関する4項目がまとまったため、「具体的指導」因子とした。信頼性係数は $\alpha = .839$ であった。

第7因子は、「部下の行動が改善されると、すかさず褒めている」「部下の小さな成功でも褒めている」など、部下を褒めることにより承認する3項目がまとまったため、「承認」因子とした。信頼性係数は $\alpha = .839$ であった。それぞれ内的整合性が認められたことから、単純加算平均値を下位尺度得点とした。

5.6.3 プロアクティブ行動

プロアクティブ行動に関する尺度6項目について、グリフィンら（Griffin et al., 2007）に基づき、1因子構造を想定して確認的因子分析を行った。結果、$\chi^2 = 42.885$、$df = 9$、$\chi^2/df = 4.77$、$CFI = .982$、$SRMR = .024$ と許容できる適合度が得られたため、1因子モデルを採用することとした。信頼性係数は $\alpha = .896$ であり、十分な内的整合性が確認できたため、単純加算平均値を下位尺度得点とした。

5.6.4 ワーク・エンゲージメント

ワーク・エンゲージメントに関する尺度9項目について、シャウフェリら（Schaufeli et al., 2006）に基づき、1因子構造を想定して確認的因子分析を行った。結果、$\chi^2 = 262.016$、$df = 27$、$\chi^2/df = 9.7$、$CFI = .933$、$SRMR = .045$ となった。CFI がやや低いが許容できる適合度と判断し、1因子モデルを採用することとした。信頼性係数は $\alpha = .929$ と高い値が得られたため、単純加算平均値を下位尺度得点とした。

5.6.5 心理的エンパワーメント

心理的エンパワーメントに関する尺度12項目について、スプレイツアー（Spreitzer,

第 5 章　管理職コーチングの効果　149

1995）に基づき、「意味」「能力」「自己決定」「インパクト」の 4 因子構造を想定して確認的因子分析を行った。結果、$\chi^2 = 167.507$、df＝48、$\chi^2/$df＝3.49、CFI＝.971、SRMR＝.044 と十分な適合度が得られたため、4 因子モデルを採用することとした。信頼性係数は $\alpha = .892$ であり、内的整合性が確認できたため、単純加算平均値を下位尺度得点とした。

5.6.6　リフレクション

リフレクションに関する尺度 5 項目について、ウエスト（West, 1996）に基づき、1 因子構造を想定して確認的因子分析を行った。結果、$\chi^2 = 29.351$、df＝5、$\chi^2/$df＝5.87、CFI＝.966、SRMR＝.034 と十分な適合度が確認できたため、1 因子モデルを採用することとした。信頼性係数は $\alpha = .789$ であり、十分な内的整合性が確認できたため、単純加算平均値を下位尺度得点とした。

5.7　結果（発見事実）

まず、本分析で使用する各尺度の尺度得点を用いた相関行列を表 5-3、表 5-4 に示す。

続いて、管理職コーチング行動が、部下の心理的状態に及ぼす影響を分析するために相関分析を行った。本調査では部下の恣意的な回答を避けるため匿名での回答を求めたことにより、1 回目と 2 回目の回答者データを突合させることが困難であるため、相関分析を行った。なお、ID、パスワードの設定により匿名性を担保する方法もあったが、システム上の問題により設定することができなかった。また、独立変数間の相関が高く、多重共線性が発生することから、重回帰分析は実施できなかった。結果は、表 5-5 のとおりである。

具体的には、「仕事の意味づけ」「中堅社員の活用」が本研究で扱った全ての部下の心理的状態に関係しており、「キャリア支援」がプロアクティブ行動、ワーク・エンゲージメント、心理的エンパワーメントと関係していた。また、「心理的安心感の醸成」「リフレクション支援」「承認」が、ワーク・エンゲージメント、心理的エンパワーメントに関係していた。具体的指導については、

150 第II部 経験学習・リフレクション支援に関する分析

表 5-3 1回目調査の使用変数の平均、標準偏差、相関行列（n＝599）

	M	SD	1	2	3	4	5	6	7
1 心理的安心感の醸成	3.98	0.64	—						
2 リフレクション支援	3.84	0.60	.697**	—					
3 キャリア支援	4.00	0.71	.774**	.696**	—				
4 仕事の意味づけ	3.83	0.65	.779**	.762**	.776**	—			
5 中堅社員の活用	4.01	0.59	.578**	.567**	.523**	.573**	—		
6 具体的指導	3.85	0.73	.629**	.568**	.547**	.593**	.378**	—	
7 承認	3.89	0.80	.727**	.605**	.637**	.627**	.385**	.550**	—

注：*p＜.05, **p＜.01, ***p＜.001.

表 5-4 2回目調査の使用変数の平均、標準偏差、相関行列（n＝559）

	M	SD	1	2	3	4	5	6	7
1 プロアクティブ行動	3.30	0.69	—						
2 ワーク・エンゲージメント	3.16	0.76	.386**	—					
3 心理的エンパワーメント：意味	3.80	0.75	.262**	.708**	—				
4 心理的エンパワーメント：能力	3.20	0.73	.330**	.539**	.409**	—			
5 心理的エンパワーメント：自己決定	3.48	0.72	.268**	.428**	.383**	.379**	—		
6 心理的エンパワーメント：インパクト	2.84	0.78	.372**	.478**	.381**	.518**	.575**	—	
7 リフレクション	3.55	0.53	.418**	.394**	.303**	.246**	.236**	.258**	—

注：*p＜.05, **p＜.01, ***p＜.001.

表 5-5 マネジャーによる管理職コーチングが部下の心理的状態に与える影響

	プロアクティブ行動 （改善行動）	ワーク・エンゲージ メント（働きがい）	心理的エンパワー メント（統制感）	リフレクション （内省）
1 心理的安心感の醸成	—	.39**	.34**	—
2 中堅社員の活用	.23*	.32**	.27*	.25*
3 キャリア支援	.26*	.38**	.33**	—
4 仕事の意味づけ	.25*	.40**	.33**	.29*
5 具体的指導	—	—	—	—
6 リフレクション支援	—	.40**	.25*	—
7 承認	—	.42**	.30**	—

*p＜.05, **p＜.01, ***p＜.001.

部下のどの心理的状態とも関係していなかった。

　本研究の主な発見事実をまとめたのが図5-3である。5.1節で述べたように、本研究において取り上げた部下の心理的状態は、経験から学ぶ能力と連携している。その点に着目して発見事実を解釈すると、以下のことがいえる。第1に、マネジャーによる管理職コーチング行動のうち、「仕事の意味づけ」「中堅社員の活用」が、プロアクティブ行動、ワーク・エンゲージメント、心理的エンパワーメント、リフレクションと関係していることが示された。つまり、「経験

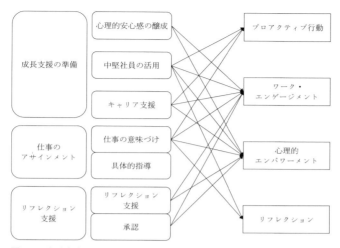

図 5-3 発見事実

から学ぶ能力」の、ストレッチ（挑戦的仕事）、リフレクション（内省）、エンジョイメント（仕事のやりがい）を促進していると思われる。第2に、「キャリア支援」がプロアクティブ行動、ワーク・エンゲージメント、心理的エンパワーメントと関係しており、経験から学ぶ能力の、ストレッチ、エンジョイメントを促していると考えられる。第3に、「心理的安全の醸成」「リフレクション支援」「承認」が、ワーク・エンゲージメント、心理的エンパワーメントと関係しており、経験から学ぶ能力の、エンジョイメントに影響を与えていたと考えられる。第4に、「具体的指導」は、部下の心理的状態に影響を与えていなかったが、特に未熟な部下の成長支援をする際には必要な行動と考えられるため、改めて検討する必要があるだろう。

最後に、「リフレクション支援」がリフレクション（内省）に影響を与えていないことは想定外であった。この点については、次章で述べたい。

5.8　小括

本章では、第3章、第4章で質的に検討した管理職コーチング行動が、部下の心理的状態にどのような影響を与えているかを定量的に検討した。その結

果、「仕事の意味づけ」「中堅社員の活用」が、部下の４つの心理的状態に影響を与えていることが示され、「キャリア支援」が部下の３つの心理的状態に、「心理的安心感の醸成」「リフレクション支援」「承認」が部下の２つの心理的状態に影響を与えていることが明らかになった。特に、これまで管理職コーチングの次元として明確に示されていなかった「心理的安心感の醸成」「中堅社員の活用」「キャリア支援」が部下の心理的状態に効果を示していることを明らかにした点、「仕事の意味づけ」「中堅社員の活用」がリフレクションを促すために重要な役割を果たすことを示唆した点には意義があると思われる。

　しかし、こうした管理職コーチング行動の効果が、部下の性別によってどのように変化するのかは示されていない。先行研究から考えると、管理職コーチングの効果は、職場の状況、マネジャーの個性、部下の個性により左右されると思われるが、部下の個性については、性別からの影響が最も強いと思われる。次章では、部下の性別による管理職コーチングの効果の違いを検討する。

第**6**章 部下の性別による管理職コーチングの効果の違い：定量分析 2

　我が国の女性の労働力人口は増加傾向にあり、令和元年における女性の労働力人口は 3058 万人と前年に比べ 44 万人増加し、労働力人口全体に占める女性の割合は 44.4％と過去最高となった（総務省, 2019）。そのため、マネジャーの部下育成のための手段として注目を集めている管理職コーチングと性別に、どのような相互作用があるのかを検討することは、女性労働力が重要な位置を占める現在の雇用市場において重要である（Ellinger et al., 2003; Logenecker, & Neubert, 2005; Pousa et al., 2018）。

　イーグリーとジョンソン（Eagly, & Johnson, 1990）は、性別とリーダーシップスタイルについての研究のメタ分析を行った結果、女性リーダーと男性リーダーの間には、対人関係やタスクを重視することについてのリーダーシップスタイルに違いはなかったが、女性は男性に比べて、民主的なスタイルを採用し、独裁的・指示的なスタイルを採用しない傾向があることを明らかにした。また、イーグリーら（Eagly et al., 1992）は、独裁的・指示的なリーダーシップが発揮された場合、それについての女性の評価は男性の評価より低くなる傾向があると述べている。このように、性別によるリーダーシップスタイルの違いが示されており、世界中の組織で管理職コーチングが取り入れられているにもかかわらず、性別がコーチング行動にどのように影響するかについてはほとんど研究されていない（Ye et al., 2016）。本研究の目的は、こうした問題を踏まえ、部下の性別による管理職コーチングの効果の違いを検討することである。

6.1　先行研究

　管理職コーチングの成果に関する先行研究は、すでに示したように多くの蓄積がある。例えば、アガルワルら（Agarwal et al., 2009）は、多国籍製造企業の営業職従業員 328 名と、コーチングのスキルトレーニングを受けた営業マネジ

ャーにアンケートを実施し、分析した。結果、ミドルマネジャー（中間管理職）によるコーチングの強度が従業員の営業成績に強い影響を与えていることを示している。また、リウとバット（Liu, & Batt, 2010）は、米国の、高度に標準化されたコールセンターで働く 666 名の従業員と 110 名のスーパーバイザーを対象に調査を実施した。分析の結果、コーチングを行う頻度は、パフォーマンス（オペレーターの電話対応時間）にポジティブな強い影響を与えていた。さらに、ダーリングら（Dahling et al., 2016）は、米国に拠点を置くグローバルな製薬企業の、136 チームの地区マネジャーと、そのチームに所属する 1246 名の営業担当者の 1 年間の営業目標達成度に対して、管理職コーチングの頻度（マネジャーが部下と行うコーチングの回数）とスキル（フィードバック提供、行動モデリング、目標設定といったコーチング行動を行うマネジャーの熟練度）がどのような影響を与えるかを検証し、コーチングが営業成績に有意な影響を与えること、さらに、マネジャーがコーチングスキルを身につけることの重要性を明らかにした。しかし、これらの研究において性別による違いは検討されていない。

　数は少ないながらも、部下の性別による管理職コーチングの効果の違いについての研究も存在する。ポウサら（Pousa et al., 2018）は、女性従業員と男性従業員をコーチングした場合、パフォーマンスに有意な差が生じるかどうかを検討した。その結果、管理職コーチングに対する女性および男性の反応は、予想以上に複雑であることが示唆された。管理職コーチングは、女性の職務パフォーマンス・業績と男性の職務パフォーマンスに正の影響を与えるが、男性の業績に対する管理職コーチングの有意な効果は見出されなかった。さらに、女性従業員と男性従業員では、パフォーマンスに対する自己評価が異なり、女性従業員は男性従業員よりもパフォーマンスへの貢献度を低く評価していた。イェら（Ye et al., 2016）は、51 カ国、1752 の組織において、13 万 3707 名のマネジャー（男性 74%、女性 26%）が 60 万 5367 名の部下から評価されたコーチング行動に関するサンプルをもとに研究を実施し、女性マネジャーは男性マネジャーよりもコーチング的な行動を取ることが多く、コーチングはジェンダーニュートラルな現象ではないことを報告している。また、コリンズら（Collins et al., 2014）は、男性の部下と女性の部下では、質的に異なる視点でマネジャーとの関係を認識していることを報告している。これらの研究はあるものの、マネジャーによる管理職コーチングが部下の心理的状態に及ぼす影響の性別による違

いについての研究は蓄積されていない。そこで本研究では、リサーチ・クエスチョン「男性の部下と女性の部下では、マネジャーの管理職コーチングの知覚に差が見られるか」「マネジャーの管理職コーチングが部下の心理的状態に及ぼす影響は、性別（男性部下・女性部下）によって異なるのか」を検討することで、部下の性別が管理職コーチングにどのように影響するのかを明らかにしたい。

6.2　研究方法

6.2.1　調査手続き

　2020年7月〜11月に、大手保険会社B社の次長・課長級のマネジャーとその部下を対象に、オンラインによる質問紙調査を実施し、前章で述べたとおり、マネジャーによる管理職コーチングに関する因子を確定させ、信頼性と妥当性を検証した。次に、上述した質問紙調査に協力したマネジャーの部下を対象に、プロアクティブ行動、ワーク・エンゲージメント、心理的エンパワーメント、リフレクションに関するオンラインによる質問紙調査を実施した。その上で、部下の性別によるマネジャーの管理職コーチングに対する知覚の差はあるのか、およびマネジャーの管理職コーチングの部下の心理的状態への影響に部下の性別による違いがあるのかを分析した。

6.2.2　調査対象者

　分析対象は、2回の質問紙調査に回答したマネジャー72名と、その部下である。内訳は、マネジャーについては男性92％、女性8％、年齢は30代19％、40代69％、50代12％である。部下については、男性35％、女性63％、回答なし2％、年齢は20代27％、30代32％、40代19％、50代16％、60代6％である。なお、1回目調査で、部下が知覚するマネジャーの育成行動のデータを、2回目調査で、部下の心理的状態のデータを取っている。この際に、無記名で部下のデータを取っているため、1回目と2回目のデータを1対1で紐づ

156 第Ⅱ部 経験学習・リフレクション支援に関する分析

けられない。そのため、部下が知覚した 72 名のマネジャーのコーチング行動
と、特定のマネジャーに管理されている部下の心理的状態の平均値を、男性部
下・女性部下に分けて分析することとした。

6.3 調査項目

6.3.1 管理職コーチング

　管理職コーチングに関する尺度の作成過程は前章で示したとおりである。具
体的には、心理的安心感の醸成については「安心して行動できると感じられる
ようなチームの雰囲気づくりに努めている」など 16 項目、リフレクション支
援については「部下が質問したとしても、簡単に答えを与えずに自分で考えさ
せようとする」など 9 項目、キャリア支援については「部下のキャリアビジョ
ン（なりたい姿）について相談にのっている」など 5 項目、仕事の意味づけに
ついては「仕事を与える際に、組織におけるその仕事の重要性を伝えている」
など 7 項目、中堅社員の活用については「中堅社員にマネジメントの仕事の一
部を任せている」など 5 項目、具体的指導については「部下に仕事をやって見
せることがある」など 4 項目、承認については「部下の行動が改善されると、
すかさず褒めている」など 3 項目により構成されている。

6.3.2 部下の心理的状態

　部下の心理的状態については、前章で説明したとおり、プロアクティブ行動
については、グリフィンら（Griffin et al., 2007）が開発した、「重要な業務を
よりよく実施する方法を試している」など 6 項目からなる尺度を活用した。信頼
性係数は $\alpha = .896$ であった。ワーク・エンゲージメントについては、シャウフ
ェリら（Schaufeli et al., 2006）が開発した、「仕事をしているとき、活力が満ち
ている感じがする」など 9 項目からなる尺度を使用した。信頼性係数は $\alpha =$
.929 であった。心理的エンパワーメントについては、スプレイツァー（Spreitzer,
1995）が開発した、「私が行っている仕事は自分にとって大変重要である」な

ど12項目からなる尺度を使用した。信頼性係数は $\alpha = .892$ であった。リフレクションについては、ウエスト（West, 1996）が開発した、「仕事上の目標を見直すことが多い」など5項目からなる尺度を使用した。信頼性係数は $\alpha = .789$ であった。全ての概念について、内的整合性を示す係数は十分な水準を満たしたため、単純加算平均値を下位尺度得点とした。

6.4　結果

まず、「男性の部下と女性の部下では、マネジャーの管理職コーチングの知覚に差が見られるか」を分析するため、男性部下と女性部下の平均の差のt検定を行った。結果は、表6-1、図6-1に示すとおり、男性の部下の方が、女性の部下よりも、マネジャーから各種コーチングを受けていると知覚する傾向に

表6-1　性別によるマネジャーの育成に対する知覚

上司の育成行動（部下知覚）		男 n=208	女 n=380	t値
1 心理的安心感の醸成	Mean	4.17	3.91	4.90***
	SD	.54	.66	
2 リフレクション支援	Mean	3.96	3.79	3.30***
	SD	.61	.59	
3 キャリア支援	Mean	4.17	3.94	3.80***
	SD	.64	.73	
4 仕事の意味づけ	Mean	3.99	3.76	4.32***
	SD	.63	.65	
5 中堅社員の活用	Mean	4.19	3.93	5.09***
	SD	.52	.61	
6 具体的指導	Mean	4.02	3.77	4.19***
	SD	.67	.73	
7 承認	Mean	4.07	3.82	3.77***
	SD	.72	.83	

注：*p<.05, **p<.01, ***p<.001.

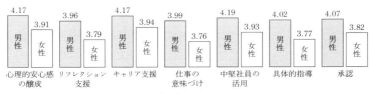

図6-1　性別によるマネジャーの指導に対する知覚

158　第 II 部　経験学習・リフレクション支援に関する分析

表 6-2　男性部下が知覚した管理職コーチングと心理的状態の関係

	プロアクティブ行動 （改善行動）	ワーク・エンゲージメント（働きがい）	心理的エンパワーメント（統制感）	リフレクション （内省）
1 心理的安心感の醸成	.43**	.55**	―	.44**
2 リフレクション支援	.40**	.41**	.36**	―
3 キャリア支援	―	.33*	―	―
4 仕事の意味づけ	.35**	.48**	―	.34**
5 中堅社員の活用	.46**	.41**	―	―
6 具体的指導	.33*	.45**	―	.31*
7 承認	―	―	―	―

*p<.05, **p<.01, ***p<.001.

表 6-3　女性部下が知覚した管理職コーチングと心理的状態の関係

	プロアクティブ行動 （改善行動）	ワーク・エンゲージメント（働きがい）	心理的エンパワーメント（統制感）	リフレクション （内省）
1 心理的安心感の醸成	―	.25*	.27*	―
2 リフレクション支援	―	―	―	―
3 キャリア支援	.32**	.34**	.32**	―
4 仕事の意味づけ	.25*	.26*	.23*	―
5 中堅社員の活用	―	―	―	―
6 具体的指導	―	―	―	―
7 承認	―	.36***	.32**	―

p<.05, **p<.01, ***p<.001.

あることが示された。

　次に、「マネジャーの管理職コーチングが部下の心理的状態に及ぼす影響は、性別（男性部下・女性部下）によって異なるのか」を分析するために、相関分析を行った。独立変数間の相関が高く、多重共線性が発生することから、重回帰分析は実施できなかった。結果は、男性部下については表 6-2、女性部下については表 6-3 のとおりである。

　具体的には、男性部下の場合は、「心理的安心感の醸成」「リフレクション支援」「仕事の意味づけ」「中堅社員の活用」が部下の 3 つの心理的状態と関係しており、「具体的指導」が部下の 2 つの心理的状態と関係していた。また、「キャリア支援」と部下の心理的状態との関係はやや弱かった。「承認」は、心理的状態と関係していなかった。女性部下の場合は、「キャリア支援」「仕事の意味づけ」が 3 つの心理的状態と関係しており、「心理的安心感の醸成」「承認」が 2 つの心理的状態と関係していた。「リフレクション支援」「中堅社員の活用」「具体的指導」は、心理的状態と関係していなかった。

6.5 発見事実

本研究の発見事実をまとめたのが図6-2である。第1に、男性の部下の方が、女性の部下よりも、マネジャーから各種コーチングを受けていると知覚する傾向にあることが明らかになった。このことは、マネジャー要因および部下要因の両面から解釈できる。まず、マネジャー要因としては、無意識の偏見や思い込みであるアンコンシャス・バイアスの観点から解釈できる。バナージとグリーンワルド（Banaji, & Greenwald, 1995）は、女性よりも男性の方が成果を出しやすいというアンコンシャス・バイアスの存在を報告しており、マネジャーによる管理職コーチング行動にも同様のバイアスが内在し、管理職コーチングの濃淡につながったと思われる。部下要因としては、キャリア・プラトー（Ference et al., 1977）の観点から解釈できる。山本（2014）は、女性が男性よりも主観的にキャリア・プラトー化していることを明らかにしている。そのため、キャリア・プラトー化した女性部下に対して、マネジャーがフィードバックなどのコーチング行動を減退させていると考えられる。

第2に、性別にかかわらず、部下の心理的状態に強く関係している管理職コーチング行動は「心理的安心感の醸成」「仕事の意味づけ」であった。5.1節で述べた「経験から学ぶ能力」に対応させると、プロアクティブ行動はストレッチ（挑戦的仕事）、リフレクションはリフレクション（内省）、ワーク・エンゲージメントと心理的エンパワーメントはエンジョイメント（仕事のやりがい）に該当する。すなわち、男性部下は、「心理的安心感の醸成」「仕事の意味づけ」により、ストレッチ、リフレクション、エンジョイメントが刺激され、女性部下は、ストレッチ、エンジョイメントに影響を受けていた。

第3に、男性部下の心理的状態に強く関係している管理職コーチング行動は、「リフレクション支援」「中堅社員の活用」「具体的指導」であった。一方、女性部下の心理的状態に強く関係している管理職コーチング行動は、「キャリア支援」「承認」であった。この結果からも、男性部下は、管理職コーチング行動により、ストレッチ、リフレクション、エンジョイメントが刺激され、女性部下は、ストレッチ、エンジョイメントが刺激されることが再確認できる。なお、男性部下のみ「具体的指導」が、プロアクティブ行動、ワーク・エンゲー

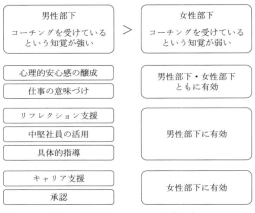

図 6-2 性別による管理職コーチング行動の違い

ジメントに関係していた。つまり、特に男性若手従業員を中心にマネジャーの「具体的指導」を受けており、そのことが改善行動や仕事のやりがいにつながっていると考えられる。また、前章で、リフレクション支援が、リフレクション（内省）に影響を与えていないのは想定外であったことに言及した。しかし、本研究では、男性従業員はリフレクション支援がリフレクション（内省）に影響を与えていることが明らかになった。この結果を解釈すると、分析対象の63％を占める女性従業員の中で、特にシニア層に属する女性従業員は高度にマニュアル化された定型業務に従事していることが多く、仕事を振り返り、目標を見直すなどの行動を習慣化しにくかったのではないかと思われる。一方、男性従業員は不定型業務である営業職が多く、リフレクションが求められていたと思われる。

6.6 小括

本章では、第5章で検討された管理職コーチング行動と部下の心理的状態との関係をさらに深めるために、部下の性別による管理職コーチング行動の効果の違いを検討した。その結果、管理職コーチングの知覚や効果は性別により異なることが明らかになった。

以上のとおり、質的研究により抽出された「管理職コーチング行動」が部下の心理的状態に影響を与えることが明らかになった。次章では、第II部の実証研究で明らかになった知見を統合し、成果を生み出す管理職コーチングの内容を明らかにしたい。同時に、第3章～第6章の分析結果を踏まえて、理論的・実践的インプリケーションについて述べる。

第**7**章 結論：成果を生み出す管理職コーチング

　マネジャーの部下育成能力をいかに高めるかが企業の課題となっている中（労働政策研究・研修機構, 2018）、部下育成のための手段として注目を集めているのが管理職コーチングである（Ellinger et al., 2003; Logenecker, & Neubert, 2005; Blackman et al., 2016）。近年、多くの企業で実践されている「1 on 1 ミーティング」も、管理職コーチングの実践の一形態と見なすことができる（中原, 2021）。

　しかし、管理職コーチング研究は、理論的な検討が遅れており、特に学習論の観点からの検討が不足している（Dahling et al, 2016）。一方、成人学習分野において最も影響力のある理論であるコルブ（Kolb, 1984）の経験学習モデル、およびその改定モデル（Gibbs, 1988; Korthagen et al., 2001）は、学習における社会的要因の重要性を考慮していない点が批判されていた（e.g., Kayes, 2002; 中原, 2012a, 2012b）。

　この点を踏まえて、本研究では「マネジャーは、部下の成長を促すために、どのようなプロセスによって経験学習・リフレクションを支援し、どのような効果を与えているのか」というリサーチ・クエスチョンを質的・量的手法によって検討してきた。図 7-1 で示すように、これまでの研究の問いと発見事実を整理すると、以下のとおりである。

　第 3 章、第 4 章において、「マネジャーは、部下の成長を促すために、どのようなプロセスによって経験学習・リフレクションを支援しているのか」をリサーチ・クエスチョンとして設定した。定性分析によって問いの答えを検討したところ、第 3 章では、《成長支援の開始》のステップで〈期待〉し、〈心理的安心感を与え〉、《リフレクションの促進》のステップで〈事実を確認〉し、〈教訓化を支援し〉ていることが明らかになった。第 4 章では、第 3 章を踏まえて、リサーチ・クエスチョンをより詳細に探究した。その結果、《成長支援の準備》のステップで、心理的安心感を与え、キャリアビジョンを考慮し、アサインメントを工夫することが《リフレクション支援》を促進することが示された。

164 第II部 経験学習・リフレクション支援に関する分析

【第3章、第4章の問い】マネジャーは、部下の成長を促すために、どのようなプロセスによって経験学習・リフレクションを支援しているのか。		【第5章、第6章の問い】どのような管理職コーチング行動が部下の心理的状態に効果を与えているのか。効果は部下の性別により異なるのか。	
【第3章の主な発見】「成長支援の開始」段階で期待し、心理的安心感を与え、「リフレクションの促進」段階で事実を確認し、教訓化を支援していた。	【第4章の主な発見】「成長支援の開始」段階で心理的安心感を与え、キャリアビジョンを考慮し、アサインメントを工夫することが「リフレクション支援」を促進する。	【第5章の主な発見】第3、第4章で発見された管理職コーチング行動は、部下のプロアクティブ行動、ワーク・エンゲージメント、心理的エンパワーメント、リフレクションに影響を与えていた。	【第6章の主な発見】性別にかかわらず、部下の心理的状態に強く影響しているのは、「心理的安心感の醸成」「仕事の意味づけ」であった。

図7-1 問いと発見事実

　続けて、第5章では「どのような管理職コーチング行動が、プロアクティブ行動、ワーク・エンゲージメント、心理的エンパワーメント、リフレクションという部下の心理的状態に効果を与えているのか」、第6章では「男性の部下と女性の部下では、マネジャーの管理職コーチングの知覚に差が見られるか」「マネジャーの管理職コーチングが部下の心理的状態に及ぼす影響は、性別（男性部下・女性部下）によって異なるのか」をリサーチ・クエスチョンとして設定した。定量分析によって検討したところ、第5章では、上述した定性分析によって抽出された管理職コーチング行動が、部下のプロアクティブ行動、ワーク・エンゲージメント、心理的エンパワーメント、リフレクションに影響を与えていることが示された。さらに、第6章において、性別にかかわらず、部下の心理的状態に強く影響している管理職コーチング行動は「心理的安心感の醸成」「仕事の意味づけ」であり、男性部下の心理的状態には「リフレクション支援」「中堅社員の活用」「具体的指導」、女性部下の心理的状態には「キャリア支援」「承認」という管理職コーチング行動が有効であることが明らかになった。

　以下では、本研究における発見事実を整理した上で、理論的・実践的インプリケーションを検討し、今後の課題について述べたい。

7.1　発見事実の整理

　図7-2は、本研究における発見事実をまとめたものである。まず、定性分析

第 7 章 結論

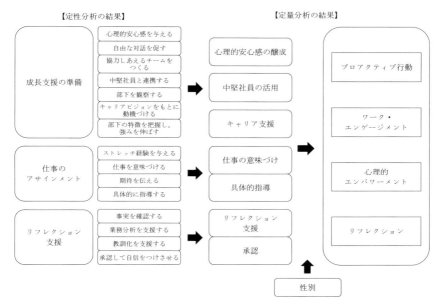

図 7-2 本研究における発見事実のまとめ

の結果から、「成長支援の準備」「仕事のアサインメント」「リフレクション支援」というステップと、「心理的安心感を与える」「自由な対話を促す」「協力しあえるチームをつくる」「中堅社員と連携する」「部下を観察する」「キャリアビジョンをもとに動機づける」「部下の特徴を把握し、強みを伸ばす」「ストレッチ経験を与える」「仕事を意味づける」「期待を伝える」「具体的に指導する」「事実を確認する」「業務分析を支援する」「教訓化を支援する」「承認して自信をつけさせる」というカテゴリーが抽出できた。

次に、第5章では、このカテゴリーを踏まえて、サブカテゴリーの内容、インタビュー内容などを参考にした75項目の質問票を開発した。その上で、構成概念妥当性を確認するため、探索的因子分析を行い、51の項目と、それらをまとめた「心理的安心感の醸成」「中堅社員の活用」「キャリア支援」「仕事の意味づけ」「具体的指導」「リフレクション支援」「承認」「挑戦的課題の付与」という8つの因子から構成される尺度となったが、第8因子の「挑戦的課題の付与」については、2項目しか抽出されなかったためモデルから除外することとした。さらに、49項目7因子構造が妥当であると仮定し、確認的因

子分析を行い、「心理的安心感の醸成」「中堅社員の活用」「キャリア支援」「仕事の意味づけ」「具体的指導」「リフレクション支援」「承認」から構成される7因子モデルを採用し、管理職コーチングの測定尺度とした。

最後に、ここまでに抽出された管理職コーチング行動の「プロアクティブ行動」「ワーク・エンゲージメント」「心理的エンパワーメント」「リフレクション」への影響を明らかにした。また、第6章では、上述した影響を性別が調整することを示した。

以上が、本研究のプロセスである。以下では、これまでの発見事実を示した上で、本研究のリサーチ・クエスチョンである「マネジャーは、部下の成長を促すために、どのようなプロセスによって経験学習・リフレクションを支援し、どのような効果を与えているのか」について考察したい。

7.1.1 管理職コーチングの構造

第1の発見は、マネジャーが部下の成長を促すためには、経験学習・リフレクション支援の準備段階として、「心理的安心感の醸成」「中堅社員の活用」「キャリア支援」「仕事の意味づけ」による学習環境の整備が欠かせないことが明らかになった点である。

7.1.2 「仕事の意味づけ」の重要性

第2の発見は、「仕事の意味づけ」が経験学習・リフレクションを支援する上で重要であることを示した点である。第5章で示したとおり「仕事の意味づけ」は、プロアクティブ行動、ワーク・エンゲージメント、心理的エンパワーメント、リフレクションに影響していたと同時に、第6章で示したとおり、男性部下に対しては、プロアクティブ行動、ワーク・エンゲージメント、リフレクションに、女性部下に対しては、プロアクティブ行動、ワーク・エンゲージメント、心理的エンパワーメントに影響しており、本研究において抽出した管理職コーチング行動の中で、部下の心理的状態に最も影響を与えていた。すなわち、部下の成長支援のために「仕事の意味づけ」が重要であることが示された。

7.1.3 リフレクションを促す管理職コーチング行動

　第3の発見は、リフレクションを促す管理職コーチング行動として、「心理的安心感の醸成」「リフレクション支援」「仕事の意味づけ」「中堅社員の活用」を示した点である。「仕事の意味づけ」「中堅社員の活用」は、第5章における分析でリフレクションとの関係が示され、「心理的安心感の醸成」「仕事の意味づけ」「リフレクション支援」については第6章において、男性部下に対してリフレクションに影響を与えていることが示された。

7.1.4 管理職コーチング行動の部下の心理的状態への影響

　第4の発見は、管理職コーチング行動が部下のプロアクティブ行動、ワーク・エンゲージメント、心理的エンパワーメント、リフレクションに影響を与えていることが明らかになった点である。なお、第5章における分析では、管理職コーチング行動のひとつである「具体的指導」の部下の心理的状態への影響が示されていないが、第6章において、男性部下に対しては、プロアクティブ行動、ワーク・エンゲージメントへの影響が示されている。

7.1.5 部下の性別による管理職コーチング行動の効果の違い

　第5の発見は、部下の性別により効果のある管理職コーチング行動に違いがあるということである。すでに述べたように、男性部下の場合は、「心理的安心感の醸成」「リフレクション支援」「仕事の意味づけ」「中堅社員の活用」が部下の3つの心理的状態と関係しており、「キャリア支援」と部下の心理的状態との関係はやや弱く、「承認」は、心理的状態と関係していなかった。女性部下の場合は、「キャリア支援」「仕事の意味づけ」が3つの心理的状態と関係しており、「心理的安心感の醸成」「承認」は2つの心理的状態と関係していたが、「リフレクション支援」「中堅社員の活用」「具体的指導」は、心理的状態と関係していなかった。

168 第Ⅱ部 経験学習・リフレクション支援に関する分析

7.1.6 管理職コーチングが部下の経験学習・リフレクションを促すプロセス

　最後に、ここまでの発見事実をまとめ、マネジャーが、どのようなプロセスによって部下の経験学習・リフレクションを促すのかについて説明する。第1にマネジャーは、「中堅社員の活用」などの手段も含め、部下の「心理的安心感の醸成」に取り組み、部下が経験から学びやすい学習環境を整備する。そのために、マネジャーは、部署の会議や打ち合わせの進行を中堅社員に任せ、若手従業員でも発言しやすく、安心して行動できると感じられるようなチームの雰囲気づくりに努める。加えて、部下のキャリアプランの実現に興味を持ち、部下のキャリアビジョンの設定を支援する。その上で、部下に仕事をアサインする際に、仕事の背景や目的を明確に説明したり、組織ビジョンや部下のキャリアビジョンとアサインする仕事の関わりを示したりすることにより「仕事を意味づ」け、部下を動機づける。

　第2に、若手従業員など、経験が足りず未熟な部下に対しては、マネジャー自らがモデルとなるよう、仕事をやって見せ、難易度の高い案件については、一緒に仕事に取り組む。経験を積んだ部下については、部下に答えを与えず、ヒントを与えて本人に考えさせ、仕事をやり切らせたり、仕事のゴールは伝えるが、プロセスは部下に考えさせたりするなど、部下に主体的に考えさせる。その上で、仕事の成功要因・失敗要因を考えさせ、言語化させることなどにより、リフレクションを支援する。

　第3に、以上の管理職コーチング行動により、部下の経験から学ぶ力を刺激する。すなわち、プロアクティブ行動に対応するストレッチ（挑戦的仕事）、リフレクションに対応するリフレクション（内省）、ワーク・エンゲージメントと心理的エンパワーメントに対応するエンジョイメント（仕事のやりがい）といった「経験から学ぶ力」にポジティブな影響を与える。具体的には、第5章、第6章において発見された管理職コーチング行動と部下の「経験から学ぶ力」の関係を統合して考えると、「心理的安心感の醸成」「中堅社員の活用」「仕事の意味づけ」「リフレクション支援」は、全ての「経験から学ぶ力」を促進し、「キャリア支援」「具体的指導」「承認」は、ストレッチ（挑戦的仕事）、エンジョイメント（仕事のやりがい）を刺激することにより、経験学習・リフレクショ

ンを促す。その際に、管理職コーチングの「経験から学ぶ力」への影響は、性別によって変化すると考えられる。

　以上をまとめると、マネジャーによる管理職コーチング行動が、部下の「経験から学ぶ力」を刺激し、経験学習・リフレクションにつながるというプロセスにより、部下の成長が促されることになる。

7.2　理論的インプリケーション

　上述したとおり、部下の経験学習・リフレクションを支援するためには、「仕事の意味づけ」「心理的安心感の醸成」などの準備段階が必要なことが明らかになった。また、管理職コーチング行動が、部下のプロアクティブ行動、ワーク・エンゲージメント、心理的エンパワーメント、リフレクションに影響を与え、経験学習・リフレクションの促進につながっていることが示された。ジョンソンら（Johnson et al., 2018）は、経験学習を能力開発につなげるためにはフィードバックが必要だという指摘をしているが、本研究の発見は、これをさらに進め、管理職コーチング行動が部下の経験学習・リフレクションを促進する具体的なプロセスを明らかにした点で意義がある。以下では、発見事実の解釈および新規性を説明する。

7.2.1　管理職コーチングの次元としての学習環境の整備

　マネジャーが部下の成長を促すために経験学習・リフレクションを支援する準備段階として、学習環境の整備が重要であることが明らかになった。具体的には、マネジャーによる管理職コーチングとして、「心理的安心感の醸成」「仕事の意味づけ」「キャリア支援」「中堅社員の活用」という学習環境を整備することが、部下の心理的状態に与える効果が高いことが明らかになった。「心理的安心感の醸成」は、ビーティ（Beattie, 2006）の「思いやり」に含まれる心理的安心感に対応する概念であると解釈でき、「仕事の意味づけ」は、部下に期待し、この期待が会社の目標を達成するために重要であることを伝えるコーチング行動（Ellinger et al., 2011）と一部対応している。「キャリア支援」は、キル

バーグ（Kilburg, 2001）が管理職コーチングを効果的なものにする要素として指摘している「成長についての継続的な同意」と関係しており、「中堅社員の活用」は、ビーティ（Beattie, 2006）およびエリンジャーら（Ellinger et al., 2011）が管理職コーチング行動としている「権限委譲」と一部対応していると解釈できる。

しかし、このうち「心理的安心感の醸成」「中堅社員の活用」「キャリア支援」は、これまでの研究において管理職コーチングの次元として明確に示されていない。その意味で、本研究は、管理職コーチングの次元として、「心理的安心感の醸成」「キャリア支援」「中堅社員の活用」の効果を示した点において意義があるといえる。

7.2.2 リフレクションを促す「仕事の意味づけ」

分析の結果、リフレクション支援は「仕事の意味づけ」によって支えられていることが明らかになった。すなわち、仕事を与える際は、部下に期待しながら、仕事を意味づけることが重要であることが示された。先行研究では、経験学習を促す上で、挑戦的な経験が欠かせないことが示されているが（McCall et al., 1988; McCauley et al., 1994; DeRue, & Wellman, 2009; Lombardo, & Eichinger, 2010）、これに加え、部下に成長への期待を伝え、継続的に成長できるように励まし、新しい挑戦を支援する「鼓舞」（Heslin et al., 2006）が欠かせないことを示している。

本研究の貢献は、これまでの経験学習研究（McCauley et al., 1994; DeRue, & Wellman, 2009）とコーチング研究（Heslin et al., 2006）の知見を統合する形で、リフレクション支援の促進要因を明らかにした点にあるといえる。こうした統合によって、成人の学習プロセスを明示的に組み込んだ、効果的な管理職コーチングのあり方を示すことができたと思われる。

7.2.3 リフレクションを促す心理的安心感

リフレクションを促す管理職コーチング行動として、「仕事の意味づけ」「中堅社員の活用」「心理的安心感の醸成」「リフレクション支援」が必要なことが

示された。「仕事の意味づけ」については上述のとおりである。「リフレクション支援」はリフレクションに対応することが予想できる行動である。「中堅社員の活用」については、松尾（2019）は、中堅社員がマネジャーと部下の間に入ることにより、自由に発言できる雰囲気、すなわち心理的安全性（Edmondson, 1999）を向上させることを指摘している。この点に着目すると、「中堅社員の活用」は「心理的安心感の醸成」に含まれるものと解釈できる。そこで、ここでは「心理的安心感の醸成」に着目する。リフレクションを促す管理職コーチング行動として、「心理的安心感の醸成」が重要なことが明らかになったが、これはエドモンドソン（Edmondson, 1999, 2012, 2018）の心理的安全性の概念、およびコルトハーヘンら（Korthagen et al., 2001）が指摘する「安心感を与える指導スキル」が、リフレクションを促進することを示している。エドモンドソン（Edmondson, 1999）は、「チームメンバーがお互いに、このチームは人間関係上のリスクを取っても安全であると信じている状態」である心理的安全性が、部下の学習行動を促すために欠かせないと指摘しており、こうした心理状態は、経験から学ぶ力を引き出し、適切なリフレクションを行う上でも重要な役割を果たすと考えられる。

　この点に関し、経験学習、リフレクション、コーチングの研究においても、コルトハーヘンら（Korthagen et al., 2001）やチィエンら（Qian et al., 2020）の研究を例外として、学習やイノベーションにおいて重要な要素である心理的安全性の働きが明示されてこなかった。また、コルトハーヘンら（Korthagen et al., 2001）の ALACT モデルにおいても、心理的安全性が組み込まれているわけではない。その意味で、本研究は、管理職コーチング研究をチーム・イノベーション論（Edmondson, 1999, 2012, 2018）の観点から拡張すると同時に、経験学習やリフレクションの研究では扱われてこなかった、学習の準備状況を整備することの重要性を示した点において意義があるといえる。

7.2.4　「経験から学ぶ能力」との連動

　管理職コーチング行動が部下のプロアクティブ行動、ワーク・エンゲージメント、心理的エンパワーメント、リフレクションに影響を与えていることが明らかになった。すでに述べたように松尾（Matsuo, 2015）は、「経験から学ぶ能

172　第Ⅱ部　経験学習・リフレクション支援に関する分析

力」のモデルを提唱している（図 5-1）。このモデルは、中心に位置する「思い（学習志向）」「つながり（成長支援ネットワーク）」が原動力となり、その外側に位置する「ストレッチ（挑戦的仕事）」「リフレクション（内省）」「エンジョイメント（仕事のやりがい)」に影響を及ぼし、経験学習を促進することを示している。「経験から学ぶ能力」のうち、「ストレッチ（挑戦的仕事)」は、個人のタスクに対する積極性などを示す「プロアクティブ行動」に、「リフレクション（内省)」は、自分の行為を振り返る姿勢である「リフレクション」に対応すると解釈できる。また、「エンジョイメント（仕事のやりがい)」は、仕事におけるコントロール感である「心理的エンパワーメント」、仕事に対するポジティブで充実した精神状態である「ワーク・エンゲージメント」に位置づけられる（松尾, 2021)。以上を整理すると、成長支援ネットワークの一部である、マネジャーによる管理職コーチング行動により、「プロアクティブ行動」「ワーク・エンゲージメント」「心理的エンパワーメント」「リフレクション」に対応する「経験から学ぶ能力」が駆動し、経験学習を促進していると考えられる。

　これまで、どのような管理職コーチング行動が「ストレッチ」「リフレクション」「エンジョイメント」に影響を与えているかは明らかにされていなかった。その意味で、本研究は、管理職コーチング行動と「経験から学ぶ能力」の関係をより詳細に示した点において、意義があるといえる。

7.2.5　管理職コーチングと調整要因としての性別

　性別にかかわらず、部下の心理的状態に強く関係している管理職コーチング行動は「心理的安心感の醸成」「仕事の意味づけ」であった。この事実から、男女問わず心理的安全性（Edmondson, 1999）が脅かされている状況が存在することにより「心理的安心感の醸成」が求められていると考えられる。また、「仕事の意味づけ」は、仕事へのモチベーションに直結する基本的なコーチングであるため、性別による差が見られなかったと解釈できる。次に、男性部下の心理的状態に強く関係している管理職コーチング行動は「リフレクション支援」「中堅社員の活用」「具体的指導」であった。一方、女性部下の心理的状態に強く関係している管理職コーチング行動は、「キャリア支援」「承認」であった。この結果は、6.5 節で述べた、性別による業務内容の違いの観点から解釈

できる。すなわち、分析対象の 63％を占める女性部下の中で、特にシニア層に属する女性部下は高度にマニュアル化された定型業務に従事していることが多く、仕事を振り返り、目標を見直すなどの行動を習慣化しにくかったのではないかと思われる。一方、男性部下は不定型業務である営業職が多く、マネジャーによる「具体的指導」が実施され、多くの成功・失敗を経験する中で「リフレクション支援」が心理的状態に強く関係していたと解釈できる。さらに、イーグリーとジョンソン（Eagly, & Johnson, 1990）は、男性はより指示的なリーダーシップスタイルを取ることを示唆しており、そのための手段として「中堅社員」を活用していると考えられる。また、女性部下については、キャリア・プラトー化している女性部下のモチベーション維持のために、「キャリア支援」「承認」が強く関係していたと思われる。

　以上、部下の性別による管理職コーチングの効果の違いを分析した。管理職コーチング行動と性別の相互作用に関する研究が求められる中（Pousa et al., 2018）、本研究において、管理職コーチング行動が性別によって調整されることを示した点は、理論的に意義があるであろう。

7.3　実践的インプリケーション

　本書の冒頭で述べたように、業務の複雑化、高度化、環境変化のスピードの速さに伴い、従来型の OJT が機能しなくなった点が指摘されている（博報堂大学, 2014; 本間, 2017; 豊田, 2015）。このような中、自律的に変化に対応する人材を育成するためにも、マネジャーは、部下の経験から学ぶ能力を高める必要がある（McCall, 1998; 松尾, 2019; 本間・吉澤, 2020）。こうした人材を育成する上で、本研究において抽出された部下育成行動のプロセスを企業の人材育成に組み込み、「研修による学習」と「職場における学習」を連動させた、学習効果の高い人材育成システムを構築すべきであろう（中原, 2012a, 2012b）。そのような観点から、発見事実および理論的インプリケーションをもとに、組織の人事担当者およびマネジャーに対する実践的なインプリケーションについて議論したい。

7.3.1 学習環境の整備を教育に組み込む

　経験学習・リフレクション支援の準備段階として、「心理的安心感の醸成」「中堅社員の活用」「キャリア支援」「仕事の意味づけ」により構成される学習環境の整備が欠かせないことが明らかになった。企業において実施されるマネジャーと部下の1 on 1ミーティングと呼ばれる個別面談の有効性を高めるために、コーチング研修などが実施されることが多いが、これと合わせて、学習環境を整備するための研修などを実施することが、経験からの部下の学びの質を高めることにつながるだろう。企業の人事担当者としては、「学習環境の整備→リフレクション支援」という流れに基づくガイドラインや教育プログラムを整備するとともに、定期的なサーベイを実施することで、適切な経験学習・リフレクション支援が行われているかどうかを確認すべきである。エドモンドソン（Edmondson, 1999）は、心理的安全性を測定するための尺度として以下をあげている。①職場ではミスをしても、過剰に責められることはない。②職場では、問題のある事柄や困難な事案でも言い出すことができる。③職場では、従業員各人の多様な考えを尊重する文化がある。④職場では、失敗を恐れず、挑戦していくことが推奨されている。⑤職場では、困ったときに、他の従業員にサポートをお願いできる。⑥職場では、誰であろうと故意に従業員の努力を妨害するような行為は行われない。⑦職場では、従業員それぞれのスキルや能力が価値を持ったり、役に立ったりしている。これらは、サーベイを実施する際に参考にできるであろう。同時に、エドモンドソン（Edmondson, 2012）は、心理的安全性を高めるリーダーの行動として、「直接話のできる、親しみやすいリーダーになる」「現在持っている知識の限界を認める」「自分もよく間違えることを積極的に示す」「参加を促す」「失敗は学習する機会であることを強調する」「具体的な言葉を使う」「境界を設ける」「境界を超えたことについて従業員に責任を負わせる」を提案している。これらをマネジャー研修の素材として組み込むことにより、マネジャーが心理的安全性の高い職場をつくる際のヒントになるだろう。

　また、学習環境の整備として「キャリア支援」が重要なことが明らかになった。長期雇用への期待が崩れ、これまでのような、どこに所属しているのかと

いうメンバーシップに基づく意味が失われつつある現在、従業員が自律的にキャリアを開発するために、仕事と個人のキャリア発達を紐づける必要がある（Pratt, & Ashforth, 2003; 高尾, 2019）。そのためマネジャーには、部下のなりたい姿を把握するためのカウンセリングのスキルが求められるだろう。企業としては、キャリア面談制度を創設するなど、部下のキャリアビジョンをマネジャーが把握した上で仕事を付与する仕組みを構築し、マネジャーの部下育成を支援していくべきであると考えられる。

7.3.2　挑戦的仕事を意味づける

　部下の経験学習・リフレクションの質を高めるには、挑戦的な仕事をアサインすることが重要である。リーダーシップ開発の文脈で、どのような経験が成長につながるのかについて着目したのがマッコールら（McCall et al., 1988）である。マッコールらは、従来のマネジャー教育やリーダーシップ教育が、「日常の仕事を離れ、研修会場で行われる傾向があった」ことや、「マネジメントやリーダーシップは天賦の才能である」と位置づけられる傾向があったことを批判し、リーダーは現場の業務経験により成長することを主張した。その上で、リーダーの成長を促す経験特性は何であるかを探索し、初期の仕事経験、最初の管理経験、ゼロからのスタート、立て直し、視野の変化、スペシャルプロジェクト／タスクフォース・アサインメント、ラインからのスタッフへの異動および他の人とのつながりなどの修羅場体験が、リーダーの成長を促すことを見出した。挑戦的経験の重要性は研究者間の合意を得ていると思われる。この点については、CCL（Center for Creative Leadership）が提唱する、様々なジョブ・アサインメント・システムが参考になると思われる（McCauley et al., 2013）。本研究では挑戦的課題を部下に与える際に、適切に意味づけることの重要性を示した。ロッソら（Rosso et al., 2010）は、仕事の意味の源泉について、「自己」「他者」「仕事の背景」「スピリチュアリティ」に分けて説明している。「自己」は個人の価値観、信念などを源泉とし、「他者」はリーダーや同僚、家族に起因するもの、「仕事の背景」は個人の経済的状況や組織の使命によるもの、「スピリチュアリティ」は神に仕え、より大きなコミュニティのニーズに応えているという感覚のことである。

176 第II部 経験学習・リフレクション支援に関する分析

　部下育成能力の高いマネジャーは、挑戦的課題を意味づけるときに、背景・意義を含む仕事の全体像を説明し、その中でアサインされる仕事の位置づけを示している。これは「他者」や「仕事の背景」と関連している。また、部下のキャリアビジョンと結びつけて仕事を意味づけているマネジャーもいる。例えば「この仕事に取り組むと、あなたが目指すキャリアを実現するために必要な、この能力が伸ばせる。だから取り組んでみないか」と仕事を意味づけている。これは「自己」と関係するだろう。そして筆者がインタビューを実施した、部下育成能力の高いマネジャーは、「自己」とリンクさせて仕事を意味づけている場合が多い。例えば、以下のように仕事を意味づけている。

　　　「お客様を任せるときは、任せる理由を一緒に考える。当社とお客様は関
　　　係が深いか深くないか。関係が深いお客さんを任せるのなら、例えば、企
　　　業営業の基本を学んでほしいというメッセージを送り、与えた仕事と部下
　　　の成長を紐づけて伝えるようにしています」

　このように、ただアサインするだけではなく、仕事を意味づけ、期待することにより、部下のモチベーションを高める工夫が必要になる。この点については、「エンパワーメント関連の指導」(Ellinger, & Bostrom, 1999) や「鼓舞」(Heslin et al., 2006) といった従来の管理職コーチング手法を活用することができる。例えば、人事担当者は、マネジャー研修の場などで部下との面談の方法を含むコーチング研修を実施することにより、挑戦的な課題を意味づけるスキルをマネジャーに身につけさせることができると思われる。また、組織内でどのような仕事が個人の成長を促すかなどを検証した上で、組織レベルのジョブ・アサインメント・システムを構築することも有効であろう。

7.3.3　リフレクションを促す「心理的安全性」

　部下の経験学習・リフレクションを促すためには、心理的安心感の醸成が重要である。この管理職コーチング行動により促される心理的安全性とは、すでに述べたように「チームメンバーがお互いに、このチームは人間関係上のリスクを取っても安全であると信じている状態」(Edmondson, 1999) である。つまり、

チームの心理的安全性とは、このチームでは率直に自分の意見を伝えても、他のメンバーがそれを拒絶したり、攻撃したり、恥ずかしいことだと感じたりして、対人関係が悪くなるような心配はしなくてもよいという信念が共有されている状態を意味する。単なる仲良し集団ではなく、ミスやエラーのような個人にとっては痛みを伴う経験でも、それを開示しあったり、問題点を指摘しあったりして、そこからメンバー全員でより適切で効果的な判断や行動のあり方を学び、共有していくことを可能にする集団の状態である（山口, 2020）。

　心理的安全性を醸成するためのマネジャーの役割は大きい（Nembhard, & Edmondson, 2006; Carmeli et al., 2010; Hu et al., 2018; Thompson, & Klotz, 2022）。部下育成能力の高いマネジャーは、「失敗はみんなが通る道であり、マネジャーである私自身もそうだった」「失敗を恐れるな、100回失敗したら褒めてやる」と繰り返し部下に伝え、フラットな関係づくりを心がけることにより、心理的安心感を醸成している。このことにより、チームメンバーが安心して、実験、質問、エラーの指摘、議論など、経験学習を促進する、リスクや脅威を伴う行動に取り組むことができる状況をつくり出し、これらの行動が学習を生み出していると考えられる。また、マネジャーは、チームにおける自由な話しあいを通して心理的安心感を高めるために、チーム内の会議や打ち合わせにおいて、中堅社員に司会を任せることを通して、自由な意見を出せる雰囲気をつくることが可能である。こうした工夫が適切な経験学習やリフレクションを行うための土台となると同時に、中堅社員がマネジメント能力を獲得するための場を提供することにもなると考えられる。また、すでに述べたように、心理的に安全な学習環境が整備されているかについてのサーベイ・フィードバック・システムを導入し（中原, 2020）、マネジャー昇格のための人事評価に反映させたり、自由なディスカッションのためのミーティングを組織的に導入するなどの対策も検討すべきであろう。

　以上のような施策を講じた上で、「リフレクション支援」を実施する必要がある。「リフレクション支援」の尺度を確認すると、本研究で明らかになった「リフレクション支援」は以下のように例えることができる。古い教育学の考え方に「線路型」「放牧型」そして「ガードレイル型」という3つの教育方法がある。「線路型」とは、仕事のゴールに向かって、マネジャーが敷いたレイルの上を走るように指導することである。このとき、部下はレールに沿って走

ればよいので頭を使う必要はない。「放牧型」とは、部下が好き放題、勝手な方向に向かって走り回っているような指導であり、いわば放置に近い状態である。部下の個性によっては放牧型を好み、大きな成長を遂げる部下も存在するが、多くの場合、部下のモチベーションを下げ、離職につながることもある。もちろんこの状態から社会的要因による学習は生まれない。そして「ガードレイル型」は、仕事のゴールは示すが、タスクを遂行するためのプロセスを部下に任せることである。部下はゴールを目指すために、試行錯誤する。当然、ゴールにたどり着くのは線路型よりも遅くなる可能性が高い。しかし仕事をこなしながら工夫をこらし、やってみたことがうまくいかなければ、なぜうまくいかなかったのかをリフレクションし、新たな打ち手を考え、試行することになり、そこに学習が生まれる。また、マネジャーは、部下がガードレイルの外にはみ出した場合は、即時にコーチングをし、改善点を指摘する。ゴールに向けて正しく進んでいる場合は、褒めることにより方向性が正しいことを知らせる。このガードレイル型指導が「リフレクション支援」のイメージに近い。例えば、部下育成能力の高いマネジャーは以下のように語っている。

　　「何を期待しているかを伝え、ゴール感は伝えるがプロセスは自分で考えさせます。山の登り方はいくつもあるので、同じ山を登るのでも本人がどういったルートを取りたいのかを決めさせます。決められなかったらサジェスチョンする。プチ成功体験を積めるほど、本人は主体的に動き出します」

　さらに、「リフレクション支援」には、部下に成功・失敗した要因を考えさせるなど、論理的で科学的な思考を駆使して仕事に関する自分なりの理論や教訓を紡ぎ出すのを支援することも含まれる（Kolb, 1984）。石川（2022）は、自ら導き出した教訓、すなわち持論の有効性を次のように述べている。第1に、持論は応用が可能なことである。自らの複数の経験を統合し抽象化することにより構築される持論は、他者が考えた理論と比較して、持論ができた背景を理解している分、別の場面に直面したときに、状況に合わせて適用しやすい。第2に、持論は、自らのパーソナリティに合わせて構築されているので、活用しやすい。第3に、持論は状況に合わせて構築されているので効果が高い。なぜ

第 7 章　結論　179

なら、その会社、職場の文化、人間関係の中で構築されている持論は、同じ状況で適用しやすいからである。このように部下のパフォーマンスに直結しやすい教訓を紡ぎ出すことを支援するため、部下育成能力の高いマネジャーは、適切な問いかけにより、部下の思考の言語化をサポートする。例えば「どう思う」「今までのやり方と比べて、どこをどう変更したの」「どうしようか」などと問いかけ、部下の考えを引き出す。また、若手従業員は、質の悪い持論を紡ぎ出す可能性もある。その場合は、マネジャー自身の成功体験・失敗体験を語ることにより、質の悪い持論を修正したり、良い方向に肉づけしたりする。教訓化支援について、部下育成能力の高いマネジャーの次の語りを見てみよう。

「ミーティングまたは個別に毎週自分の成果を報告させることにより、学びにつなげています。その中でどこがうまくいったのか、うまくいかなかったのかプロセスを語らせる。そして「どうしてなの」と問いかける。うまくいかないところにヒントがあると考えている。営業はうまくいかないものを見切ればヒットを打てる確率が上がるのです。自分が何をしてきたのかを語らせる。その上で、部下が説明したいことを自分で整理させる。私が知りたいことを説明させるのではない。自ら語らせるのです。答えが出ない時間が大事であると考えています」

7.3.4　羅針盤を作成する

　本研究において、「経験から学ぶ」能力を刺激し、経験学習・リフレクションを促進する管理職コーチング行動が明らかになった。具体的には、従来の管理職コーチング研究で示されている次元に加え、「心理的安心感の醸成」「キャリア支援」「中堅社員の活用」「仕事の意味づけ」が重要であることが明らかになった。このことから、マネジャーは、中堅社員を活用しながら、安心して仕事ができる職場環境を整備しつつ、部下が将来なりたい姿に応じて、仕事を与える工夫をする必要があるだろう。企業の人事担当者としては、コーチングスキルだけでなく、職場づくりやキャリア支援についてのスキルをマネジャーが獲得できるようにサポートすべきであると考えられる。また、本研究では、特定企業における部下育成能力の高いマネジャーの行動から、経験学習・リフレ

クションを促す管理職コーチング行動を抽出したが、同様の方法で各社ごとに有効性の高い管理職コーチング行動を開発することが可能である。抽出された管理職コーチング行動を羅針盤として活用することは、一定の納得性を持って自社のマネジャーに受け入れられる可能性が高いと思われる。その際に、この羅針盤を部下育成の型として押しつけるのではなく、参考指標として提供し、マネジャーそれぞれの状況に合わせて適用することが肝要であろう。

7.3.5　ダイバーシティ＆インクルージョンを推進する

　組織で働くマネジャーは、アンコンシャス・バイアスやキャリア・プラトーが存在することを認識し、日々の観察や面談により女性部下がキャリア・プラトー化していないかを把握した上で、管理職コーチング行動を検討する必要があるだろう。企業の人事担当者としてはアンコンシャス・バイアスに関する研修を導入し、マネジャーの啓発に努め、組織のダイバーシティ＆インクルージョンをさらに進めるべきであると思われる。その際に重要になるのが、本研究で示した管理職コーチング行動の型である。マネジャーになることを躊躇する女性従業員に対し、部下育成能力の高いマネジャーの型を示すことで、昇格に対する恐怖感を払拭し、ダイバーシティ＆インクルージョンの推進につながると思われる。

7.4　本研究の限界と今後の課題

　最後に、本研究の限界と今後の課題について述べたい。第1に、本研究では、マネジャーによる経験学習・リフレクション支援を課題として論じたが、支援を受ける部下側の主体性、姿勢なども支援の成功・失敗に影響すると予想される。今後は、部下の個人特性を考慮する形で経験学習・リフレクション支援のあり方を明らかにする必要があるだろう。

　第2に、本研究は、特定企業、特定職種を対象としていることから、企業や業種の特性が分析結果に影響を与えている可能性がある。例えば、第4章の分析対象は保険を扱うサービス組織であるため、ものづくりに従事する製造企業

とは人材育成の考え方が異なるかもしれない。ただし、製品が可視化しやすい製造業に対して、可視化しにくい保険のようなサービスを扱う場合、部下育成の難易度が高いと想定されることから、本研究の知見は製造業にも適用可能だと考えられる。また、人材の流動性が激しいベンチャー企業や成長企業では、長期雇用を前提とするコア人材の育成方針がなかったり、人材育成に関する時間感覚が異なっていたりする可能性があることも考慮すべきであろう。今後の研究においては、他の業種、企業規模、成長ステージにおける複数企業のマネジャーを対象に調査を実施し、より汎用性の高い部下育成のプロセスを明らかにする必要があるだろう。

　第3に、第5章および第6章では、量的手法を用いてマネジャーによる管理職コーチング行動と部下の心理的状態の変化を検討した。しかし、回答の信頼性を担保するために、部下の回答形式を無記名にしたことから、マネジャーの管理職コーチング行動について回答した部下とその後の心理的状態の変容について回答データを突き合わせることが困難であったため、双方向の因果関係を仮定するなど、より精度の高い分析手法を使用することができなかった。今後は、得られた測定尺度をもとに、他企業でも同様の量的調査を実施し、本研究の成果を精緻化することが必要であると思われる。

　第4に、本研究において、部下の成長を促す育成のプロセスが明らかになったが、そうした育成を向上させるための具体的手法を開発すべきである。今後は、本研究の結果をもとに、コーチングのモデル、およびその教育訓練プログラムを開発し、企業に導入することで、その有効性を検証する必要があるだろう。また、経験学習・リフレクション支援を意識的にマネジメントしている先進企業の事例分析を行うことにより、部下育成を効果的に進めるための人的資源管理マネジメントのフレームワークを構築することが可能になると思われる。

　第5に、本研究では、部下育成のあり方を、特定の事例および育成方針の点から分析したが、実際の部下育成は時間をかけて、継続的に行われるものである。また、部下やマネジャーによる個人差もあり、部門特性やタスク特性の影響も考えられる。今後は、本研究で明らかになったモデルに基づき、マネジャーの育成が部下の成長につながるプロセスを時系列的に事例分析することで、より具体的な育成と成長のメカニズムを明らかにする必要があると思われる。

　第6に、本研究では、管理職コーチング行動の尺度に対する基準関連妥当性

が検証できていない。今後の研究においては、より精度の高い妥当性の検証が必要である。また、コモンメソッドバイアスによる影響を抑えるための工夫を講じたが、この工夫により、どこまでコモンメソッドバイアスの影響を排除できたかどうかまでは検証できていない。より精緻な検証のためには、ポッズアコフら（Podsakoff et al., 2003）が指摘するように、管理職コーチング行動については部下が回答し、部下の心理的状態については上司が回答するなどの工夫が必要になるだろう。

おわりに

　本書は、筆者が北海道大学大学院経済学院に提出した博士論文をベースに、上司と部下の幸せな関係づくりのための科学知を提供したいという思いで執筆したものである。もちろん全ての上司と部下の関係に、本書で示した経験学習・リフレクションを促すプロセスが当てはまるとは限らない。上司も部下も多様な個性を持った個人であり、職場環境により2人の関係性が変化する可能性もある。上司と部下の複雑な関係をひとくくりに説明することには無理があると思う。しかし、ヒントは提供できる。中原（2023）は、「科学の知が3割の手助けをしてくれるなら、おそらく課題解決で派手ゴケ（大失敗）することは避けられる」と述べている。つまり、科学知の3割をベースに、多様な個性を持つ部下の成長支援を考えれば、何もないところから考えるよりも早く、無用な混乱や葛藤なしに「幸せな関係」に辿り着ける可能性が高まる。

　人的資本経営が注目される中、有価証券報告書での女性管理職比率の情報開示が義務づけられ、同時に社員のエンゲージメントに対する企業の関心が高まっている。また、人手不足を背景に、中途採用を増加させる企業が増えており、職場で彼らを育てる必要性が高まっている。女性管理職を増やすのなら、当然彼女たちを育成する必要がある。社員のエンゲージメントを上げるベースは、職場における上司と部下の関係に依存することが多いだろう。また、中途採用者を即戦力と考え、育成しようとしないことは間違いであることがわかってきた（尾形, 2020）。このように、人事・組織分野における部下育成に関する課題は尽きることがない。本書は、そのような課題に直面する組織も視野に入れた学術書である。本書が、職場における部下育成のヒントとなり、上司と部下の幸せな関係づくりに成功するチームが増えることを願い、本書を閉じたい。

　もちろん、本書は筆者ひとりの力で執筆されたものではない。本書を構成している研究は、多くの方々の支援により成り立っている。お世話になった方々に、この場を借りて御礼を申し上げたい。まず、本書の執筆にあたり、終始厳しく、かつ温かい激励とご指導ご鞭撻をいただいた青山学院大学経営学部の松尾睦教授に、心より感謝したい。北海道大学大学院博士課程時代の指導教官であった松尾先生には、研究の道に導いていただくとともに、大学院入学前より

真摯にご指導をいただいた。入学後も、研究を進める上での道標を常に示していただいた。そして卒業後にもかかわらず、本書の草稿に対して、多くのコメントをいただいた。経験学習そのままに、先生からのご指摘は、私の能力を限界まで出さなければ対応できないストレッチなものだった。特に「学術書は推理小説のように書け」とのコメントは、子供の頃、推理小説を書くことが夢だった筆者には忘れられない。しかし、その鋭い指摘によって、本書で私が何を書こうとしているのかが整理されたように思う。立教大学経営学部の中原淳教授にも、心から感謝したい。中原先生から、立教大学経営学研究科リーダーシップ開発コースにおいて「マネジリアル・コーチング論」講師の職を賜ったことが本書執筆のきっかけになり、本書の刊行にも多大なるご支援をいただいた。同コースの優秀な社会人学生の方々に対応するためには、管理職コーチングについての研究を深める必要があり、その成果の一部が本書の内容に反映されている。立教大学経営学部の田中聡准教授にも感謝したい。田中先生のご指導のおかげで、本書の一部が執筆できた。

　また、筆者の博士論文の審査においては、中原先生と北海道大学大学院経済学研究院の阿部智和准教授に副査として貴重なご意見を賜った。中原先生の、研究を俯瞰し、人的資源管理論の中での研究の位置づけを捉えなおせという意見には、視野を広げさせられた。また、阿部先生の、きめ細かく、しかも具体的なアドバイスからは、良い論文を書かせたいという強い思いが伝わり、深く感動させられた。この場をお借りして厚く御礼申し上げたい。

　本書を執筆するにあたり、多くの方々にご協力をいただいた。守秘義務があるため、社名・個人名を出せないが、インタビューに応じていただいた大手保険会社B社の17名の部門長の方々には、ご多忙の中、長時間にわたるインタビューを快く引き受けていただいた。彼らからもたらされた貴重なコメントがなければ、本書は成り立たなかった。研究の趣旨にご賛同いただき、インタビューの場を設定していただいたB社の人材育成担当者K氏にも、大変お世話になった。この場をお借りして深く感謝する。また、図表制作技術の拙い私に、図表作成のノウハウをご提供いただいた東園治氏にも、心より感謝申し上げたい。その後も、多くの企業の部下育成能力の高いマネジャー、OJT担当者にインタビューする機会に恵まれた。彼らのコメントひとつひとつが筆者にとっての宝になった。そのような機会を与えていただいた、各社の人事担当者の方々

にも感謝したい。

　本書を書き終えて思うのは、私が学術書執筆という、命を削るような活動を続けられたのは、父である故永田恵十郎の影響が大きいということである。父は農業経済学者として、島根大学・名古屋大学に奉職していたが、その研究スタイルは、日本国内はもちろん、ベトナム、バリ、台湾などの農家を歩き回り、農業経営者の話を聞いて回るというものだった。そんな研究スタイルを父は「歩き屋」と称していたが、なぜか耳に残っている「歩き屋」という研究スタイルが、グランウンデッド・セオリー・アプローチに私が魅せられる要因かもしれない。私に研究者としての思いを伝え、やり抜かせてくれた、今は亡き父永田恵十郎に感謝したい。

　妻かおりにも心から感謝したい。博士課程進学に悩む私の背中を「やってみればいいじゃない、格好いいよ」という言葉で押してくれ、日本労務学会研究奨励賞を受賞した際には、ともに喜んでくれた、本書執筆の期間は、書斎に閉じこもりがちになる私に「まだ、終わらないの」といいつつ、温かく見守ってくれた。

　最後に、本書の刊行にあたり、出版の機会をいただいた東京大学出版会と、企画書作成から編集校正段階まで多大な援助をいただいた、同社の木村素明氏に感謝を申し上げる。木村氏の、修正提案・コメントには、学術書といえども読者にわかりやすく伝えたいという、氏の思いが溢れていたように思う。氏の編集者魂が、本書を読者に伝わりやすいものに変化させてくれた。本書を執筆するにあたり、ここにはお名前を載せられなかった多くの方々に支援をいただいた。執筆を後押しいただいた、全ての方々に御礼を申し上げたい。

　　管理職コーチング、それは、今起こったことを映し出す鏡を持っているようなものだと思います（Ellinger, & Bostrom, 1999）

「上司と部下の幸せな関係」が多く生まれることを祈る。

　　　　　　　　　　　　　　　　　　　　　　　　　　　　永田正樹

参考文献

Abid, G., Contreras, F., Ahmed, S., & Qazi, T. (2019). Contextual factors and organizational commitment: Examining the mediating role of thriving at work. Sustainability, 11(17), 4686.

Agarwal, R., Angst, C. M., & Magni, M. (2009). The performance effects of coaching: A multilevel analysis using hierarchical linear modeling. International Journal of Human Resource Management, 20(10), 2110-2134.

Ahadi, S., & Jacobs, R. L. (2017). A review of the literature on structured on-the-job training and directions for future research. Human Resource Development Review, 16(4), 323-349.

Ahlstrom, D., & Bruton, G. D. (2010). Rapid institutional shifts and the co-evolution of entrepreneurial firms in transition economies. Entrepreneurship Theory and Practice, 34(3), 531-554.

Ahmadi, S. A. A., Jalalian, N., Salamzadeh, Y., Daraei, M., & Tadayon, A. (2011). To the promotion of work life quality using the paradigm of managerial coaching: The role of managerial coaching on the quality of work life. African Journal of Business Management, 5(17), 7440-7448.

Ali, M., Lodhi, S. A., Raza, B., & Ali, W. (2018). Examining the impact of managerial coaching on employee job performance: Mediating role of work engagement, leader-member-exchange quality, job satisfaction, and turnover intentions. Pakistan Journal of Commerce and Social Sciences (PJCSS), 12(1), 253-282.

Anderson, V. (2013). A Trojan Horse? The implications of managerial coaching for leadership theory. Human Resource Development International, 16(3), 251-266.

Argyris, C. (1991). Teaching smart people how to learn. Harvard Business Review, 69(3), 99-109.

Armstrong, S. J., & Mahmud, A. (2008). Experiential learning and the acquisition of managerial tacit knowledge. Academy of Management Learning & Education, 7(2), 189-208.

Baker, A. C., Jensen, P. J., & Kolb, D. A. (2005). Conversation as experiential learning. Management Learning, 36(4), 411-427.

Banaji, M. R., & Greenwald, A. G. (1995). Implicit gender stereotyping in judgments of fame. Journal of Personality and Social Psychology, 102(1), 4-27.

Bandura, A., & Walter, R. H. (1977). Social learning theory (Vol. 1). Englewood cliffs.

Beam, R. J., O'Brien, R. A., & Neal, M. (2010). Reflective practice enhances public health nurse implementation of nurse-family partnership. Public Health Nursing, 27 (2), 131-139.

Beattie, R. S. (2006). Line managers and workplace learning: Learning from the voluntary sector. Human Resource Development International, 9(1), 99-119.

Beattie, R. S., Kim, S., Hagen, M. S., Egan, T. M., Ellinger, A. D., & Hamlin, R. G. (2014). Managerial coaching: A review of the empirical literature and development of a model to guide future practice. Advances in Developing Human Resources, 16 (2), 184-201.

Becker, K. (2005). Individual and organisational unlearning: Directions for future research. International Journal of Organisational Behaviour, 9(7), 659-670.

Berg, M. E., & Karlsen, J. T. (2007). Mental models in project management coaching. Engineering Management Journal, 19(3), 3-13.

Blackman, A., Moscardo, G., & Gray, D. E. (2016). Challenges for the theory and practice of business coaching: A systematic review of empirical evidence. Human Resource Development Review, 15(4), 459-486.

Boud, D., Keogh, R., & Walker, D. (1996). Promoting reflection in learning: A model. Boundaries of Adult Learning, 1, 32-56.

Boud, D., Keogh, R., & Walker, D. (Eds.) (2013). Reflection: Turning experience into learning. Routledge.

Bozer, G., & Jones, R. J. (2021). Introduction to the special issue on advances in the psychology of workplace coaching. Applied Psychology, 70(2), 411-419.

Bozer, G., Delegach, M., & Kotte, S. (2022). The influence of organizational coaching context on pre-coaching motivation and the role of regulatory focus: An experimental study. Human Resource Development Quarterly, 33(4), 383-403.

Carmeli, A., & Gittell, J. H. (2009). High-quality relationships, psychological safety, and learning from failures in work organizations. Journal of Organizational Behavior: The International Journal of Industrial, Occupational and Organizational Psychology and Behavior, 30(6), 709-729.

Carmeli, A., Reiter-Palmon, R., & Ziv, E. (2010). Inclusive leadership and employee involvement in creative tasks in the workplace: The mediating role of psychological safety. Creativity Research Journal, 22(3), 250-260.

Carrell, W. S., Ellinger, A. D., Nimon, K. F., & Kim, S. (2021). Examining the relationships among managerial coaching, perceived organizational support, and job engagement in the US higher education context. European Journal of Training and Development, 46(5-6),563-584.

Carvalho, C., Carvalho, F. K., & Carvalho, S. (2022). Managerial coaching: Where are we now and where should we go in the future?. Development and Learning in Organizations: An International Journal, 36(1), 4-7.

Chang, W. (2017). Approaches for developing intercultural competence: an extended learning model with implications from cultural neuroscience. Human Resource Development Review, 16(2), 158-175.

Claes, R., & Ruiz-Quintanilla, S. A. (1998). Influences of early career experiences, occupational group, and national culture on proactive career behavior. Journal of Vocational Behavior, 52(3), 357-378.

Clegg, S. R., Kornberger, M., & Rhodes, C. (2005). Learning/becoming/organizing. Organization, 12(2), 147-167.

Coimbra, J., & Proença, T. (2022). Managerial coaching and sales performance: The influence of salesforce approaches and organisational demands. International Journal of Productivity and Performance Management, 72(10),3076-3094.

Collins, B. J., Burrus, C. J., & Meyer, R. D. (2014). Gender differences in the impact of leadership styles on subordinate embeddedness and job satisfaction. The Leadership Quarterly, 25(4), 660-671.

Cotter, R. J., & Cullen, J. G. (2012). Reflexive management learning: An integrative review and a conceptual typology. Human Resource Development Review, 11(2), 227-253.

Creswell, J. W., & Clark, V. L. P. (2007). Designing and conducting mixedmethods research. Sage Publications.

Creswell, J. W. (2014). A concise introduction to mixed methods research. Sage Publications. (クレスウェル, J,W., 抱井尚子 (訳) (2017). 早わかり混合研究法. ナカニシヤ出版)

Cunliffe, A. L. (2004). On becoming a critically reflexive practitioner. Journal of Management Education, 28(4), 407-426.

Cunliffe, A. L. (2009). The philosopher leader: On relationalism, ethics, and reflexivity: A critical perspective to teaching leadership. Management Learning, 40(1), 87-101.

Dahling, J. J., Taylor, S. R., Chau, S. L., & Dwight, S. A. (2016). Does coaching matter? A multilevel model linking managerial coaching skill and frequency to sales goal attainment. Personnel Psychology, 69(4), 863-894.

David, O. A., & Matu, S. A. (2013). How to tell if managers are good coaches and how to help them improve during adversity? The managerial coaching assessment system and the rational managerial coaching program. Journal of Cognitive and Behavioral Psychotherapies, 13(2a), 259-283.

DeChurch, L. A., & Mesmer-Magnus, J. R. (2010). The cognitive underpinnings of effective teamwork: A meta-analysis. Journal of Applied Psychology, 95(1), 32-53.

Deci, E. L., & Ryan, R. M. (2008). Self-determination theory: A macrotheory of human motivation, development, and health. Canadian Psychology/Psychologie Canadienne, 49(3), 182-185.

DeRue, D. S., & Wellman, N. (2009). Developing leaders via experience: The role of developmental challenge, learning orientation, and feedback availability. Journal of Applied Psychology, 94(4), 859-875.

Dewey, J. (1933). How we think: A restatement of the relation of reflective thinking to the education process. D. C. Heath.

Dewey, J. (1938). Experience and education. Touchstone. (デューイ, J., 市村尚久 (訳) (2004). 経験と教育. 講談社)

DuPlessis, J. H., Ellinger, A. D., Nimon, K. F., & Kim, S. (2021). Examining the mediating effect of job crafting on the relationship between managerial coaching and job engagement among electricians in the US skilled trades. Human Resource Development International, 24(5), 558-585.

Dweck, C. S., & Leggett, E. L. (1988). A social-cognitive approach to motivation and personality. Psychological Review, 95(2), 256.

Eagly, A. H., & Johnson, B. T. (1990). Gender and leadership style: A meta-analysis. Psychological Bulletin, 108(2), 233-256.

Eagly, A. H., Makhijani, M. G., & Klonsky, B. G. (1992). Gender and the evaluation of leaders: A meta-analysis. Psychological Bulletin, 111(1), 3-22.

Edmondson, A. C. (1999). Psychological safety and learning behavior in work teams. Administrative Science Quarterly, 44(2), 350-383.

Edmondson, A. C. (2012). Teaming: How organizations learn, innovate, and compete in the knowledge economy. Jossey-Bass. (エドモンドソン, E. S., 野津智子 (訳) (2014). チームが機能するとはどういうことか：「学習力」と「実行力」を高める実践アプローチ. 英知出版)

Edmondson, A. C. (2018). The fearless organization: Creating psychological safety in the workplace for learning, innovation, and growth. John Wiley & Sons.

Eisenberger, R., Huntington, R., Hutchison, S., & Sowa, D. (1986). Perceived organizational support. Journal of Applied Psychology, 71(3), 500-507.

Ellinger, A. D., & Bostrom, R. P. (1999). Managerial coaching behaviors in learning organizations. Journal of Management Development, 18(9), 752-771.

Ellinger, A. D. & Bostrom, R. P. (2002). An examination of managers beliefs about their roles as facilitators of learning. Management Learning, 33(2), 147-179.

Ellinger, A. D., Ellinger, A. E., & Keller, S. B. (2003). Supervisory coaching behavior, employee satisfaction, and warehouse employee performance: A dyadic perspective in the distribution industry. Human Resource Development Quarterly, 14(4), 435-458.

Ellinger, A. D., Ellinger, A. E., Bachrach, D. G., Wang, Y. L., & Elmadağ Baş, A. B. (2011). Organizational investments in social capital, managerial coaching, and employee work-related performance. Management Learning, 42(1), 67-85.

Ellinger, A. D., Beattie, R. S., & Hamlin, R. G. (2018). The manager as coach. In E. Cox, T. Bachkirova, & D. Clutterbuck (Eds.), The complete handbook of coaching, (3rd edition)., Sage Publishers.

Ellinger, A. D., & Ellinger, A. E. (2021). Providing strategic leadership for learning: Optimizing managerial coaching to build learning organizations. The Learning Organization, 28(4), 337-351.

Ellis, S., Mendel, R., & Nir, M. (2006). Learning from successful and failed experience: The moderating role of kind of after-event review. Journal of Applied Psychology, 91(3), 669-680.

Elmadağ, A. B., Ellinger, A. E., & Franke, G. R. (2008). Antecedents and consequences of frontline commitment to service quality. Journal of Marketing Theory and Practice, 16(2), 95-110.

Fairley, S. G., & Stout, C. E. (2003). Getting started in personal and executive coaching: How to create a thriving coaching practice. John Wiley & Sons.

Fakude, L. P., & Bruce, J. C. (2003). Journaling: A quasi-experimental study of student nurses' reflective learning ability. Curations, 26(2), 49-55.

Ference, T., Stoner, T., & Warren, F. (1977). Managing the career plateau. Academy of Management Review, 2, 602-612.

Finlay, L. (2008). Reflecting on 'reflective practice'. PBPL Paper, 52.

Flanagan, J. C. (1954). The critical incident technique. Psychological Bulletin, 51(4), 327-357.

Gabriel, A. S., Frantz, N. B., Levy, P. E., & Hilliard, A. W. (2014). The supervisor feedback environment is empowering, but not all the time: Feedback orientation as a critical moderator. Journal of Occupational and Organizational Psychology, 87(3), 487-506.

Gergen, K. J. (1999). An invitation to social construction. Sage Publications. (ガーゲン, K, J., 東村知子 (訳) (2004). あなたへの社会構成主義. ナカニシヤ出版)

Gibbs, G. (1988). Learning by doing: A guide to teaching and learning methods. Oxford: Further Education Unit, Oxford Polytechnic.

Gilmore, S., & Anderson, V. (2011). Anxiety and experience-based learning in a professional standards context. Management Learning, 43(1), 75-95.

Glaser, B., & Strauss, A. L. (1967). The discovery of grounded theory: Strategies for qualitative research. Aldine. (グレイザー, B., ストラウス, A., 後藤隆・大出春江・水野節夫 (監訳) (1996). データ対話型理論の発見:調査からいかに理論をうみだすか. 新曜社)

Graen, G. B., & Uhl-Bien, M. (1995). Relationship-based approach to leadership: Development of leader-member exchange (LMX) theory of leadership over 25 years: Applying a multi-level, multi-domain approach. Leadership Quarterly, 6(2), 219–247.

Grant, A. M., & Ashford, S. J. (2008). The dynamics of proactivity at work. Research in Organizational Behavior, 28, 3–34.

Gray, D. E. (2007). Facilitating management learning: Developing critical reflection through reflective tools. Management Learning, 38(5), 495–517.

Gregory, J. B., & Levy, P. E. (2010). Employee coaching relationships: Enhancing construct clarity and measurement. Coaching: An International Journal of Theory, Research and Practice, 3(2), 109–123.

Gregory, J. B., & Levy, P. E. (2012). Employee feedback orientation: Implications for effective coaching relationships. Coaching: An International Journal of Theory, Research and Practice, 5(2), 86–99.

Griffin, M. A., Neal, A., & Parker, S. K. (2007). A new model of work role performance: Positive behavior in uncertain and interdependent contexts. Academy of Management Journal, 50(2), 327–347.

Hagen, M. S. (2012). Managerial coaching: A review of the literature. Performance Improvement Quarterly, 24(4), 17–39.

Hagen, M., & Aguilar, M. G. (2012). The impact of managerial coaching on learning outcomes within the team context: An analysis. Human Resource Development Quarterly, 23(3), 363–388.

博報堂大学（編）(2014).「自分ごと」だと人は育つ：博報堂で実践している新入社員 OJT 1 年間でトレーナーが考えること. 日本経済新聞社出版社.

Hamlin, R. G., Ellinger, A. D., & Beattie, R. S. (2006). Coaching at the heart of managerial effectiveness: A cross-cultural study of managerial behaviors. Human Resource Development International, 9(3), 305–331.

Hamlin, R. G., Ellinger, A. D., & Beattie, R. S. (2009). Toward a profession of coaching? A definitional examination of 'coaching,' 'organization development,' and 'human resource development'. International Journal of Evidence Based Coaching and Mentoring, 7(1), 13–38.

Hannah, C. (2004). Improving intermediate skills through workplace coaching: A case study within the UK Rail Industry. International Journal of Evidence-Based Coaching and Mentoring, 2(1), 17–45.

Hatton, N., & Smith, D. (1995). Reflection in teacher education: Toward definition and implementation. Teaching and Teacher Education, 11(1), 33–49.

Helyer, R. (2015). Learning through reflection: The critical role of reflection in work-based learning (WBL). Journal of Work-Applied Management, 7(1), 15–27.

Heslin, P. A., Vandewalle, D., & Latham, G. P. (2006). Keen to help? Manager's implicit person theories and their subsequent employee coaching. Personnel Psychology, 59(4), 871-902.

Heusinkveld, S., & Reijers, H. A. (2009). Reflections on a reflective cycle: Building legitimacy in design knowledge development. Organization Studies, 30(8), 865-886.

Hicks, R. P., & McCracken, J. P. (2010). Three hats of a leader: Coaching, mentoring and teaching. Physician Executive, 36(6), 68-70.

平野光俊 (2009). 内部労働市場における雇用区分の多様化と転換の合理性：人材ポートフォリオ・システムからの考察. 日本労働研究雑誌, 586, 5-19.

Hislop, D., Bosley, S., Coombs, C. R., & Holland, J. (2014). The process of individual unlearning: A neglected topic in an under-researched field. Management Learning, 45(5), 540-560.

Holman, D., Pavlica, K., & Thorpe, R. (1997). Rethinking Kolb's theory of experiential learning in management education: The contribution of social constructionism and activity theory. Management Learning, 28(2), 135-148.

本間浩輔 (2017). ヤフーの1 on 1：部下を成長させるコミュニケーションの技法. ダイヤモンド社.

本間浩輔・吉澤幸太 (2020). 1 on 1 ミーティング：「対話の質」が組織の強さを決める. ダイヤモンド社.

Hooijberg, R., & Lane, N. (2009). Using multisource feedback coaching effectively in executive education. Academy of Management Learning and Education, 8(4), 483-493.

堀尾志保・中原淳 (2024). リーダーシップ・シフト：全員活躍チームをつくるシェアド・リーダーシップ. 日本能率協会マネジメントセンター.

Houldsworth, E., & Jirasinghe, D. (2006). Managing and measuring employee performance. Kogan Page.

Hsieh, H. H., & Huang, J. T. (2018). Exploring factors influencing employees' impression management feedback-seeking behavior: The role of managerial coaching skills and affective trust. Human Resource Development Quarterly, 29(2), 163-180.

Hu, L. T., & Bentler, P. M. (1999). Cutoff criteria for fit indexes in covariance structure analysis: Conventional criteria versus new alternatives. Structural Equation Modeling: A Multidisciplinary Journal, 6(1), 1-55.

Hu, Y., Zhu, L., Zhou, M., Li, J., Maguire, P., Sun, H., & Wang, D. (2018). Exploring the influence of ethical leadership on voice behavior: How leader-member exchange, psychological safety, and psychological empowerment influence employees' willingness to speak out. Frontiers in Psychology, 9, 1718.

Huang, J. T., & Hsieh, H. H. (2015). Supervisors as good coaches: Influences of coaching on employees' in-role behaviors and proactive career behaviors. The International Journal of Human Resource Management, 26(1), 42-58.

Hui, R. T. Y., Sue-Chan, C., & Wood, R. E. (2013). The contrasting effects of coaching style on task performance: The mediating roles of subjective task complexity and self-set goal. Human Resource Development Quarterly, 24(4), 429-458.

Hunt, J. M., & Weintraub, J. R. (2017). The coaching manager: Developing top talent in business. Sage Publications.

Husebø, S. E., O'Regan, S., & Nestel, D. (2015). Reflective practice and its role in simulation. Clinical Simulation in Nursing, 11(8), 368-375.

Illeris, K. (2007). What do we actually mean by experiential learning? Human Resource Development Review, 6(1), 84-95.

石川淳 (2008). 企業における人材マネジメントの迷走. 青島矢一 (編) 企業の錯誤／教育の迷走：人材育成の「失われた10年」. 東信堂.

石川淳 (2022). リーダーシップの理論：経験と勘を活かす武器を身につける. 中央経済社.

石山恒貴 (2020). 日本企業のタレントマネジメント. 中央経済社.

Jarvis, P. (1987). Meaningful and meaningless experience: Towards an analysis of learning from life. Adult Education Quarterly, 37(3), 164-172.

Johnson, S. J., Blackman, D. A., & Buick, F. (2018). The 70:20:10 framework and the transfer of learning. Human Resource Development Quarterly, 29, 383-402.

Jones, R., & Noble, G. (2007). Grounded theory and management research: A lack of integrity? Qualitative Research in Organizations and Management, 42(2), 84-103.

Judge, T. A., & Piccolo, R. F. (2004). Transformational and transactional leadership: A meta-analytic test of their relative validity. Journal of Applied Psychology, 89(5), 755-768.

Kalinauckas, P., & King, H. (1994). Coaching: Realizing the potential. chartered Institute of Personnel and Development.

加登豊 (2008). 日本企業の品質管理と人づくりシステム. 青島矢一 (編) 企業の錯誤／教育の迷走：人材育成の「失われた10年」. 東信堂.

Kayes, D. C. (2002). Experiential learning and its critics: Preserving the role of experience in management learning and education. Academy of Management Learning and Education, 1(2), 137-149.

経済産業省 (2022). 人的資本経営に関する調査.

Kember, D., Leung, D. Y., Jones, A., Loke, A. Y., McKay, J., Sinclair, K., & Yeung, E. (2000). Development of a questionnaire to measure the level of reflective thinking. Assessment & Evaluation in Higher Education, 25(4), 381-395.

Kilburg, R. R. (2001). Facilitating intervention adherence in executive coaching: A model and method. Consulting Psychology Journal: Practice and Research, 53(4), 251-267.

Kim, S., Egan, T., Kim, W., & Kim, J. (2013). The impact of managerial coaching behavior on employee work-related reactions. Journal of Business and Psychology, 28, 315–330.

Kim, S. (2014). Assessing the influence of managerial coaching on employee outcomes. Human Resource Development Quarterly, 25(1), 59–85.

Kim, S., Egan, T., & Jae Moon, M. (2014). Managerial coaching efficacy, work-related attitudes, and performance in public organisations: A comparative international study. Review of Public Personnel Administration, 34(3), 237–262.

Kim, S., & Kuo, M. (2015). Examining the relationships among coaching, trustworthiness, and role behaviors: A social exchange perspective. The Journal of Applied Behavioral Science, 51(2), 152–176.

木下康仁 (2003). グラウンデッド・セオリー・アプローチの実践：質的研究の誘い. 弘文堂.

木下康仁 (2020). 定本 M-GTA：実践の理論化を目指す質的研究方法論. 医学書院.

Kisfalvi, V., & Oliver, D. (2015). Creating and maintaining a safe space in experiential learning. Journal of Management Education, 39(6), 713–740.

Knowles, M. S., Holton III, E. F., & Swanson, R. A. (2015). The adult learner: The definitive classic in adult education and human resource development (8th edition). Routledge.

Kolb, D. A. (1984). Experiential learning: Experience as the source of learning and development. Prentice Hall.

Kolb, A. Y., & Kolb, D. A. (2005). Learning styles and learning spaces: Enhancing experiential learning in higher education. Academy of Management Learning and Education, 4(2), 193–212.

Kolb, A. Y., & Kolb, D. A. (2009). The learning way: Meta-cognitive aspects of experiential learning. Simulation & Gaming, 40(3), 297–327.

Kori, K., Pedaste, M., Leijen, Ä., & Mäeots, M. (2014). Supporting reflection in technology-enhanced learning. Educational Research Review, 11, 45–55.

Korthagen, F. A. J., Kesseles, J., Koster, B., Lagerwerf, B., & Webbels, T. (2001). Linking practice and theory: The pedagogy of realistic teacher education. Routledge.

Korthagen, F. A. J. (2010a). Situated learning theory and the pedagogy of teacher education: Towards an integrative view of teacher behavior and teacher learning. Teaching and Teacher Education, 26(1), 98–106.

Korthagen, F. A. J. (2010b). How teacher education can make a difference. Journal of Education for Teaching, 36(4), 407–423.

厚生労働省 (2019). 新規学卒就職者の離職状況 (平成 29 年 3 月卒業者の状況).

Kozlowski, S. W. J., & Ilgen, D. R. (2006). Enhancing the effectiveness of work groups and teams. Psychological Science in the Public Interest, 7, 77–124.

Krumboltz, J. D. (2009). The happenstance learning theory. Journal of Career Assessment, 17(2), 135-154.

Ladyshewsky, R., & Taplin, R. (2017). Employee perceptions of managerial coaching and work engagement using the measurement model of coaching skills and the Utrecht work engagement scale. International Journal of Evidence Based Coaching and Mentoring, 15(2), 25-42.

Lawrence, P. (2017). Managerial coaching: A literature review. International Journal of Evidence Based Coaching and Mentoring, 15(2), 43-65.

Lee, M. C. C., Idris, M. A., & Tuckey, M. (2019). Supervisory coaching and performance feedback as mediators of the relationships between leadership styles, work engagement, and turnover intention. Human Resource Development International, 22(3), 257-282.

Lehmann, M., New, M., & Borut, L. (2021). Dyadic listening in teams: Social relations model. Applied Psychology, 70(3), 1045-1099.

Lepak, D. P., & Snell, S. A. (1999). The human resource architecture: Toward a theory of human capital allocation and development. Academy of Management Review, 24(1), 31-48.

Lepak, D. P., & Snell, S. A. (2002). Examining the human resource architecture: The relationships among human capital, employment, and human resource configurations. Journal of Management, 28(4), 517-543.

Lewin, K. (1951). Field theory in social sciences. Harper & Row.

Li, M. & Armstrong, S. J. (2015). The relationship between Kolb's experiential learning styles and Big Five personality traits in international managers. Personality and Individual Differences, 86, 422-426.

Lin, W., Lin, C., & Chang, Y. (2017). The impact of coaching orientation on subordinate performance: The moderating effects of implicit person theory and LMX. Asia Pacific Journal of Human Resources, 55, 86-105.

Liu, X., & Batt, R. (2010). How supervisors influence performance: A multilevel study of coaching and group management in technology-mediated services. Personnel Psychology, 63, 265-298.

Logenecker, C. O., & Neubert, M. J. (2005). The practices of effective managerial coaches. Business Horizons, 48(6), 493-500.

Lombardo, M. M., & Eichinger, R. W. (2010). The career architect: Development planner (5th edition). Lominger International.

Lundgren, H., & Poell, R. F. (2016). On critical reflection: A review of Mezirow's theory and its operationalization. Human Resource Development Review, 15(1), 3-28.

Mann, K., Gordon, J., & MacLeod, A. (2009). Reflection and reflective practice in health professions education: A systematic review. Advances in Health Sciences Education, 14, 595-621.

Manolis, C., Burns, D. J., Assudani, R., & Chita, R. (2013). Assessing experiential learning styles: A methodological reconstruction and validation of the Kolb learning style inventory. Learning and Individual Differences, 23, 44-52.

Mathieu, J., Maynard, M. T., Rapp, T., & Gilson, L. (2008). Team effectiveness 1997-2007: A review of recent advancements and a glimpse into the future. Journal of Management, 34(3), 410-476.

Mathieu, J. E., Gallagher, P. T., Domingo, M. A., & Klock, E. A. (2019). Embracing complexity: Reviewing the past decade of team effectiveness research. Annual Review of Organizational Psychology and Organizational Behavior, 6, 17-46.

松田チャップマン与理子・石川利江 (2018). Managerial Coaching に関する実証研究の動向. 桜美林論考. 心理・教育学研究, 9, 29-41.

松尾睦 (2013). 育て上手のマネジャーの指導方法. 日本労働研究雑誌, 639, 40-53.

Matsuo, M. (2014). Instructional skills for on-the-job training and experiential learning: An empirical study of Japanese firms. International Journal of Training and Development, 18(4), 225-240.

松尾睦 (2015). 管理者コーチング研究の現状と課題. 青山経営論集, 50(2), 3-12.

Matsuo, M. (2015). A framework for facilitating experiential learning. Human Resource Development Review, 14(4), 442-461.

Matsuo, M. (2018). How does managerial coaching affect individual learning? The mediating roles of team and individual reflexivity. Personnel Review, 47(1), 118-132.

松尾睦 (2019). 部下の強みを引き出す：経験学習リーダーシップ. ダイヤモンド社.

Matsuo, M., Arai, K., & Matsuo, T. (2020). Effects of managerial coaching on critical reflection: Mediating role of learning goal orientation. Journal of Workplace Learning, 32(3), 217-228.

Matsuo, M., & Nagata, M. (2020). A revised model of experiential learning with a debriefing checklist. International Journal of Training and Development, 24(2), 144-153

松尾睦 (2021). 経験から学ぶ能力と職場学習. 經濟學研究, 71(2), 1-51.

Mayer, R. C., Davis, J. H., & Schoorman, F. D. (1995). An integrative model of organizational trust. Academy of Management Review, 20(3), 709-734.

McAllister, D. J. (1995). Affect-and cognition-based trust as foundations for interpersonal cooperation in organizations. Academy of Management Journal, 38(1), 24-59.

McCall, M. W., Lombardo, M. M., & Morrison, A. M. (1988). The lessons of experience: How successful executives develop on the job. Free Press.

McCall, M. W. (1998). High flyers: Developing the next generation of leaders. Harvard Business Press. (マッコール, M., 金井壽宏 (監訳), リクルートワークス研

究所（訳）（2002）．ハイ・フライヤー：次世代リーダーの育成法．プレジデント社）

McCarthy, G., & Milner, J. (2020). Ability, motivation and opportunity: Managerial coaching in practice. Asia Pacific Journal of Human Resources, 58, 149-170.

McCauley, C. D., Ruderman, M. N., Ohlott, P. J., & Morrow, J. E. (1994). Assessing the development components of managerial jobs. Journal of Applied Psychology, 79 (4), 544-560.

McCauley, C. D., DeRue, D. S., Yost, P. R., & Taylor, S. (2013). Experience-driven leader development: Models, tools, best practices, and advice for on-the-job development. John Wiley & Sons. (マッコーレイ，C. D.，デリュ，D. S.，ヨスト，P. R.，テイラー，S.，漆嶋稔（訳）（2016）．経験学習によるリーダーシップ開発：米国 CCL による次世代リーダー育成のための実践事例．日本能率協会マネジメントセンター）

McLean, G. N., Yang, B., Kuo, M. H. C., Tolbert, A. S., & Larkin, C. (2005). Development and initial validation of an instrument measuring managerial coaching skill. Human Resource Development Quarterly, 16(2), 157-178.

Mezirow, J. (1990). How critical reflection triggers transformative learning. In J. Mezirow (Ed.), Fostering critical reflection in adulthood: A guide to transformative and emancipatory learning. Jossey-Bass, 1-20.

Miettinen, R. (2000). The concept of experiential learning and John Dewey's theory of reflective thought and action. International Journal of Lifelong Education, 19(1), 54-72.

Miller, R. J., & Maellaro, R. (2016). Getting to the root of the problem in experiential learning: Using problem solving and collective reflection to improve learning outcomes. Journal of Management Education, 40(2), 170-193.

Mink, O. G., Owen, K. G., & Mink, B. P. (1993). Developing high performance people: The art of coaching. Addison Wesley.

三隅二不二・藤田正（1972）．組織体における監督行動の自己評定と部下評定の関連に関する実証的研究．実験社会心理学研究，12(1)，53-64.

Moon, J. A. (2004). A handbook of reflective and experiential learning: Theory and practice. Routledge.

守島基博（2010）．社会科学としての人材マネジメント論へ向けて．日本労働研究雑誌，52(7)，69-74.

中原淳（2010）．職場学習論：仕事の学びを科学する．東京大学出版会.

中原淳（2012a）．学習環境としての「職場」：経営研究と学習研究の交差する場所．日本労働研究雑誌，618，35-45.

中原淳（2012b）．経営学習論：人材育成を科学する．東京大学出版会.

中原淳（2014）．職場における学習の探究．組織科学，48(2)，28-37.

中原淳（2020）．サーベイ・フィードバック入門：「データと対話」で職場を変える技

術. PHP 研究所.

中原淳（2021）．経営学習論　増補新装版. 東京大学出版会.

中原淳（2023）．人材開発・組織開発コンサルティング. ダイヤモンド社.

Nembhard, I. M., & Edmondson, A. C. (2006). Making it safe: The effects of leader inclusiveness and professional status on psychological safety and improvement efforts in health care teams. Journal of Organizational Behavior, 27(7), 941-966.

Nesbit, P. L. (2012). The role of self-reflection, emotional management of feedback, and self-regulation processes in self-directed leadership development. Human Resource Development Review, 11(2), 203-226.

Ng, K., Van Dyne, L., & Ang, S. (2009). From experience to experiential learning: Cultural intelligence as a learning capability for global leader development. Academy of Management Learning & Education, 8(4), 511-526.

Noer, D. (2005). Behaviorally based coaching: A cross-cultural case study. International Journal of Coaching in Organizations, 3(1), 14-23.

Noer, D. M., Leupold, C. R., & Valle, M. (2007). An analysis of Saudi Arabian and U.S. managerial coaching behaviors. Journal of Managerial Issues, 19(2), 271-287.

Nyfoudi, M., Shipton, H., Theodorakopoulos, N., & Budhwar, P. (2022). Managerial coaching skill and team performance: How does the relationship work and under what conditions? Human Resource Management Journal, 33(1), 1-18.

O'Brien, R. A., & Neal, M. (2010). Reflective practice enhances public health nurse implementation of nurse-family partnership. Public Health Nursing, 27(2), 131-139.

尾形真実哉（2020）．若年就業者の組織適応：リアリティ・ショックからの成長. 白桃書房.

Ozolins, U. (2009). Back translation as a means of giving translators a voice. Translation and Interpreting, 1(2), 1-13.

Park, S., Yang, B., & McLean, G. N. (2008). An examination of relationships between managerial coaching and employee development: ERIC Document Retrieval No. ED501641. ERIC.

Park, S., McLean, G. N., & Yang, B. (2021). Impact of managerial coaching skills on employee commitment: The role of personal learning. European Journal of Training and Development, 45(8-9), 814-831.

Paterson, C., & Chapman, J. (2013). Enhancing skills of critical reflection to evidence learning in professional practice. Physical Therapy in Sport, 14(3), 133-138.

Peltier, J. W., Hay, A., & Drago, W. (2005). The reflective learning continuum: Reflecting on reflection. Journal of Marketing Education, 27(3), 250-263.

Peterson, D. B., & Hicks, M. D. (1996). Leader as coach: Strategies for coaching and developing others. Personnel Decisions International.

Piaget, J. (1970). Genetic epistemology. Columbia University Press.

Podsakoff, P. M., MacKenzie, S. B., Lee, J. Y., & Podsakoff, N. P. (2003). Common method biases in behavioral research: A critical review of the literature and recommended remedies. Journal of Applied Psychology, 88(5), 879-903.

Potter, C. (2015). Leadership development: An applied comparison of Gibbs' reflective cycle and Scharmer theory U. Industrial and Commercial Training, 47(6), 336-342.

Pousa, C., & Mathieu, A. (2010). Sales managers' motivation to coach salespeople: An exploration using expectancy theory. International Journal of Evidence-Based Coaching and Mentoring, 8, 34-50.

Pousa, C., & Mathieu, A. (2014). The influence of coaching on employee performance: Results from two international quantitative studies. Performance Improvement Quarterly, 27(3), 75-92.

Pousa, C., & Mathieu, A. (2015). Is managerial coaching a source of competitive advantage? Promoting employee self-regulation through coaching. Coaching: An International Journal of Theory, Research and Practice, 8, 20-35.

Pousa, C., Richards, D. A., & Trépanier, C. (2018). Managerial coaching of frontline employees: The moderating role of gender. Human Resource Development Quarterly, 29(3), 219-241.

Pratt, M. G., & Ashforth, B. E. (2003). Fostering meaningfulness in working and at work. In K. S. Cameron, J. E. Dutton, & R. E. Quinn (Eds.), Positive organizational scholarship: Foundations of a new discipline. Berret-Koehler, 309-327.

Qian, J., Zhang, W., Qu, Y., Wang, B., & Chen, M. (2020). The enactment of knowledge sharing: The roles of psychological availability and team psychological safety climate. Frontiers in Psychology, 11, 551366, 1-10.

Raelin, J. A. (2002). 'I don't have time to think!' (vs. the art of reflective practice). Reflections, 4(1), 66-79.

Raza, B., Ali, M., Ahmed, S., & Ahmad, J. (2018). Impact of managerial coaching on organizational citizenship behavior: The mediation and moderation model. International Journal of Organizational Leadership, 7, 27-46.

リクルートマネジメントソリューションズ (2022). 1 on 1 ミーティングに関する実態調査. https://www.recruit-ms.co.jp/issue/inguiry_report/0000001055/

Redshaw, B. (2000). Do we really understand coaching? How can we make it work better? Industrial and Commercial Training, 32(3), 106-109.

Reynolds, M. (1998). Reflection and critical reflection in management learning. Management Learning, 29(2), 183-200.

Rhoades, L., & Eisenberger, R. (2002). Perceived organizational support: A review of the literature. Journal of Applied Psychology, 87(4), 698-714.

Richardson, L. (2009). Sales coaching: Making the great leap from sales manager to sales coach (2nd edition). McGraw-Hill.

Rosso, B. D., Dekas, K. H., & Wrzesniewski, A. (2010). On the meaning of work: A theoretical integration and review. Research in Organizational Behavior, 30, 91-127.

労働政策研究・研修機構 (2017). 人材育成と能力開発の現状と課題に関する調査. 勝美印刷.

労働政策研究・研修機構 (2018). 多様な働き方の進展と人材マネジメントの在り方に関する調査. 勝美印刷.

労働政策研究・研修機構 (2023). データブック 国際労働比較 2023.

戈木クレイグヒル滋子 (2016). グラウンデッド・セオリー・アプローチ 改訂版：理論を生み出すまで. 新曜社.

榊原國城 (2004). 職務遂行能力自己評価に与える OJT の効果. 産業・組織心理学研究, 18(1), 23-31.

Schaufeli, W. B., Bakker, A. B., & Salanova, M. (2006). The measurement of work engagement with a short questionnaire: A cross-national study. Educational and Psychological Measurement, 66(4), 701-716.

Schaufeli, W. B. (2013). What is engagement? In C. Tress, K. Alfes, R. Delbridge, A. Shantz, & E. Soane (Eds.), Employee engagement in theory and practice. Routledge, 1-37.

Schippers, M., West, M. A., & Dawson, J. (2015). Team reflexivity and innovation: The moderating role of team context. Journal of Management, 41(3), 769-788.

Schön, D. A. (1983) The reflective practitioner: How professionals think in action. Basic Books.

Sedova, K., Sedlacek, M., & Svaricek, R. (2016). Teacher professional development as a means of transforming student classroom talk. Teaching and Teacher Education, 57, 14-25.

She, Z., Li, B., Li, Q., London, M., & Yang, B. (2019). The double-edged sword of coaching: Relationships between managers' coaching and their feelings of personal accomplishment and role overload. Human Resource Development Quarterly, 30(2), 245-266.

Shimazu, A., Schaufeli, W. B., Miyanaka, D., & Iwata, N. (2010). Why Japanese workers show low work engagement: An item response theory analysis of the Utrecht Work Engagement scale. BioPsychoSocial Medicine, 4, 1-6.

Sonnentag, S., Dormann, C., & Demerouti, E. (2010). Not all days are created equal: The concept of state work engagement. In A. B. Bakker, & M. P. Leiter (Eds.), Work engagement: A handbook of essential theory and research. Psychology Press. 25-38.

総務省 (2019). 労働力調査.

Spreitzer, G. M. (1995). Psychological empowerment in the workplace: Dimensions, measurement, and validation. Academy of Management Journal, 38, 1442-1465.

Strauss, A., & Corbin, J. (1998). Basics of qualitative research: Techniques and procedures for developing grounded theory (3rd edition). Sage Publications. (コービン, J., ストラウス, A., 操華子・森岡崇 (訳) (2012). 質的研究の基礎：グラウンデッド・セオリー開発の技法と手順　第3版. 医学書院)

高尾義明 (2019). ジョブ・クラフティング研究の展開に向けて：概念の独自性の明確化と先行研究レビュー. 経済経営研究, 1, 81-105.

田中聡・中原淳 (2017). 新規事業創出経験を通じた中堅管理職の学習に関する実証的研究. 経営行動科学, 30(1), 13-29.

谷口智彦 (2018). 救急救命士のコーチング行動に影響を与える先行要因：暗黙的特性観, 受けた指導経験および経験学習の影響. 経営行動科学, 30(3), 151-165.

Thompson, P. S., & Klotz, A. C. (2022). Led by curiosity and responding with voice: The influence of leader displays of curiosity and leader gender on follower reactions of psychological safety and voice. Organizational Behavior and Human Decision Processes, 172, 104170.

Tomkins, L., & Ulus, E. (2016). 'Oh, was that "experiential learning"?!' Spaces, synergies and surprises with Kolb's learning cycle. Management Learning, 47(2), 158-178.

豊田義博 (2015). 若手社員が育たない。：「ゆとり世代」以降の人材育成論. 筑摩書房.

Turner, C., & McCarthy, G. (2015). Coachable moments: Identifying factors that influence managers to take advantage of coachable moments in day-to-day management. International Journal of Evidence Based Coaching and Mentoring, 13(1), 1-13.

Van Manen, M. (1977). Linking way of knowing with ways of being practical. Curriculum Inquiry, 6(3), 205-228.

Van Woerkom, M., & Croon, M. A. (2008). Operationalising critically reflective work behaviour. Personnel Review, 37(3), 317-331.

Vince, R. (1998). Behind and beyond Kolb's learning cycle. Journal of Management Education, 22(3), 304-319.

Vince, R. (2010). Anxiety, politics and critical management education. British Journal of Management, 21, 26-39.

Wang, Y. (2013). R&D employees' innovative behaviors in Taiwan: HRM and managerial coaching as moderators. Asia Pacific Journal of Human Resources, 51, 491-515.

Weer, C. H., DiRenzo, M. S., & Shipper, F. S. (2016). A holistic view of employee coaching: Longitudinal investigation of the impact of facilitative and pressure-based coaching on team effectiveness. The Journal of Applied Behavioral Science, 52(2), 187-214.

Welch, D., Grossaint, K., Reid, K., & Walker, C. (2014). Strength-based leadership development: Insights from expert coaches. Consulting Psychology Journal, 66(1), 20-37.

West, M. A. (1996). Reflexivity and work group effectiveness: A conceptual integration, In M. A. West (Ed.), Handbook of work group psychology. John Wiley & Sons, 555-579.

Wheeler, L. (2011). How does the adoption of coaching behaviours by line managers contribute to the achievement of organisational goals? International Journal of Evidence Based Coaching and Mentoring, 9(1), 1-15.

Wilding, P. M. (2008). Reflective practice: A learning tool for student nurses. British Journal of Nursing, 17(11), 720-724.

Williams, L. J., & Anderson, S. E. (1991). Job satisfaction and organizational commitment as predictors of organizational citizenship and in-role behaviors. Journal of Management, 17(3), 601-617.

Woo, H. R. (2017). Exploratory study examining the joint impacts of mentoring and managerial coaching on organisational commitment. Sustainability, 9(2), 181.

Wrzesniewski, A., & Dutton, J. E. (2001). Crafting a job: Revisioning employees as active crafters of their work. Academy of Management Review, 26(2), 179-201.

山口裕幸 (2020). 組織の「心理的安全性」構築への道筋. 医療の質・安全学会誌, 15(4), 366-371.

山本寛 (2014). 昇進の研究：キャリア・プラトー現象の観点から. 創生社.

Yamazaki, Y., & Kayes, D. C. (2004). An experiential approach to cross-cultural learning: A review and integration of competencies for successful expatriate adaptation. Academy of Management Learning & Education, 3(4), 362-379.

Yanow, D. (2009). Ways of knowing: Passionate humility and reflective practice in research and management. The American Review of Public Administration, 39(6), 579-601

Yanow, D., & Tsoukas, H. (2009). What is reflection-in-action? A phenomenological account. Journal of Management Studies, 46(8), 1339-1364.

Ye, R., Wang, X. H., Wendt, J. H., Wu, J., & Euwema, M. C. (2016). Gender and managerial coaching across cultures: Female managers are coaching more. The International Journal of Human Resource Management, 27(16), 1791-1812.

Yeo, R. K., & Marquardt, M. J. (2015). (Re) Interpreting action, learning, and experience: Integrating action learning and experiential learning for HRD. Human Resource Development Quarterly, 26(1), 81-107.

Zhao, H., & Liu, W. (2020). Managerial coaching and subordinates' workplace well-being: A moderated mediation study. Human Resource Management Journal, 30(2), 293-311.

Zuñiga-Collazos, A., Castillo-Palacio, M., Montaña-Narváez, E., & Castillo-Arévalo, G. (2020). Influence of managerial coaching on organisational performance. Coaching: An International Journal of Theory, Research and Practice, 13(1), 30-44.

資料

資料1 個人パフォーマンス重視型

1	Kalinauckas and King（1994）	コーチングとは、マネジャーが話しあいや積極的な指導を通じて、スタッフが問題を解決したり、仕事をよりよく遂行したりできるように支援するプロセスである。
2	Heslin et al., （2006）	仕事における部下のパフォーマンスを改善させることを目的として、マネジャーが1対1で部下にフィードバックやガイドを提供する活動である。
3	Hagen and Aguilar（2012）	マネジャーが、ガイドされた話しあい活動を通じて、部下の問題解決や業務遂行をより効率的・効果的に支援するプロセスである。
4	Dahling et al., （2016）	部下のパフォーマンスを向上させ、彼らの個人的な課題に対処するために、建設的で発展的なフィードバックを継続的に提供し、優れたパフォーマンスのための行動モデルとなり、部下と協働してパフォーマンスを上げるためのモチベーションとなる魅力的で挑戦的な目標を設定するプロセスである。
5	Carvalho et al., （2022）	マネジャーと従業員の継続的な対話であり、従業員が組織における自分の役割や仕事を理解し、パフォーマンスを向上させるために継続的なフィードバックや能力開発のサポートを提供するものである。

資料2 個人学習促進型

6	Mink, et al., （1993）	コーチングとは、コーチである個人が、他者が学びやすくなるような関係を築くプロセスである。
7	Peterson and Hicks（1996）	従業員が自己を成長させ、より効果的に働くために必要なツール、知識、機会を与えるプロセスである。
8	Ellinger and Bostrom（1999）	監督者またはマネジャーが、学習の促進者として、従業員が業務に関連するスキルや能力を学習し、開発できるようにする行動である。
9	Redshaw（2000）	仕事上の課題や経験などの、適切な学習機会を提供し、それらから学べるよう指導やフィードバックを与えることによって、従業員の能力と仕事上のパフォーマンスを体系的に向上させることである。
10	Gregory and Levy（2010）	従業員とマネジャーの効果的な関係、およびフィードバック、業績データ、評価などの客観的情報の活用に基づき、従業員が直属のマネジャーと1対1で、現在の職務遂行能力を向上させ、将来の役割や課題に対する能力を高めるための能力開発活動である。
11	Hicks and McCracken（2010）	従業員が認識や行動パターンを変えることで、効果や適応能力を高め、変化を障害ではなく挑戦として受け入れることができるようにするための共同プロセスである。
12	Huang and Hsieh（2015）（Park et al.（2008）を踏襲）	個人の職務遂行能力の向上だけでなく、個人のキャリアポテンシャルを最大化するために、従業員の自己開発を支援する継続的プロセスである。

206 資料

| 13 | Ellinger et al., (2018) | マネジャーや監督者が職場環境における学習のコーチ、またはファシリテーターとしての役割を果たし、その中で、従業員が学習し、成長できるような特定の行動を実行することである。 |
| 14 | Lee et al. (2019) | マネジャー（上司）と従業員（部下）が協力して、職務知識の向上、職務遂行のスキルアップ、より強力で前向きな仕事上の関係、従業員の個人的および職業上の成長の機会を達成するために、行動に影響を与える継続的かつ対面的なプロセスである。 |

資料3　個人／チーム開発型

15	Hunt and Weintraub (2017)	コーチング・マネジャーとは、コーチングを通じて従業員の学習と成長を支援し、学習、成長、適応を可能にする職場をつくり、リーダーシップと周囲の人々を助けることへの純粋な関心を併せ持つビジネス・リーダーでありマネジャーである。
16	Ellinger et al., (2003)	コーチング・マネジャーとは、学習の促進を重視し、それを支援するマネジメントの実践を通じて、高いパフォーマンスを発揮できる職場環境の開発を奨励する人のことである。
17	McLean et al., (2005).	コーチングとは、他者とオープンにコミュニケーションを取ること、チームアプローチで仕事に取り組むこと、仕事よりも人を大切にすること、従業員を育成しパフォーマンスを向上させるために職場環境の曖昧な性質を受け入れるといった、マネジャーの効果的なスキルのことである。
18	Hamlin et al., (2009)	コーチングとは、個人、グループ／チーム、組織が新たなスキル、能力、パフォーマンスを獲得し、個人の有効性、自己開発、自己成長を高めることを可能にする、援助的で促進的なプロセスである。
19	Abid et al., (2019).	コーチとして、従業員の学習と成長を可能にする特定の行動を通じて、職場環境における学習を促進するマネジャーやリーダーの行動である。
20	Parket et al., (2021)	従業員が自己を成長させ、より効果的に働くために必要なツール、知識、機会を与えるプロセスであるが、1対1の状況だけではなく、チームの状況を含めた、マネジャーと従業員との日常的な相互作用も考慮したものである。

索引

あ行

アーキテクチャー知識　53, 58, 59

曖昧さを受け入れる　23, 34, 35, 36, 55, 56, 134, 138

アウトグループ　62

アガルワル（Agarwal, R.）　22, 45, 60, 61, 153

アンコンシャス・バイアス　159, 180

アンダーソン（Anderson, V.）　4, 27, 28, 43, 72, 74, 84

暗黙理論　40, 41

アンラーニング　72, 83, 84, 85, 86, 88, 89

イングループ　62

インサイダー・ステイタス　57, 59, 60

印象管理フィードバック探索行動（IMFSB）　50, 63

ヴァンマーネン（Van Manen, M.）　68

ヴィンス（Vince, R.）　70, 72, 76, 79, 82, 84

ウエスト（West, M. A.）　57, 132, 138, 142, 144, 149, 157

エグゼクティブ・コーチング　19, 61

エドモンドソン（Edmondson, A. C.）　40, 64, 171, 172, 174, 176

エリンジャー（Ellinger, A.D.）　3, 19, 22, 23, 26, 27, 29, 32, 38, 39, 41, 46, 47, 51, 53, 56, 58, 134, 135, 137, 153, 163, 169, 170, 176

エルマダー（Elmadağ, A. B.）　3, 48

エンジョイメント（仕事のやりがい）　132, 133, 151, 159, 168, 172

エンパワーメント関連の行動　29

オープンコード化　97, 109

オープン・コミュニケーション　23, 33, 34, 35, 36, 49, 134

尾形真実哉　3, 136

思い（学習志向）　132, 133, 172

か行

ガイダンス・コーチング　24, 25, 37, 39

開発型コーチング　25

学習における社会的要因　5, 79, 163

学習目標志向性　20, 42, 56, 59, 62

感情的信頼　50, 55, 59, 63

感情の管理　83, 84

ギブス（Gibbs, G.）　5, 10, 16, 61, 65, 72, 73, 75, 76, 78, 79, 82, 84, 86, 163

キム（Kim, S.）　4, 22, 43, 47, 48, 49, 50, 51, 54, 55

キャリアコミットメント　48, 49

キャリア・プラトー　11, 159, 173, 180

業務支援　80

具体的経験　4, 14, 70, 71, 79, 86, 87, 132, 133

グラウンデッド・セオリー・アプローチ（GTA）　8, 44, 95, 96, 108

クリティカル・リフレクション　10, 49, 56, 63, 68, 69, 70, 72, 75, 82, 84

グリフィン（Griffin, M. A.）　135, 142, 143, 148, 156

グループマネジメント　60

グレーザー（Glaser, B.）　96, 97, 108

グロース・マインドセット　20, 42

クロスオーガニゼーション・コーチング　23, 24

経験学習　1, 4, 5, 6, 9, 10, 11, 14, 16, 28, 41, 61, 65, 66, 70, 71, 81, 82, 85, 86, 88, 99, 102, 104, 107, 108, 110, 112, 133, 169, 170, 171, 172, 177

経験学習モデル　4, 5, 14, 61, 70, 71, 72, 78, 79, 80, 82, 87, 132, 163

経験学習・リフレクション支援　7, 8, 9, 11, 16, 82, 92, 95, 98, 103, 104, 105, 106, 107, 108, 110, 113, 127, 128, 131, 166, 174, 180, 181

経験学習理論　6, 9, 10, 70

ケイズ（Kayes, D. C.）　4, 5, 10, 70, 72, 79, 82, 163

行為の中の内省　10, 67, 68

行動的アンラーニング　85, 89

コービン（Corbin, J.）　9, 96, 97, 108

個人学習促進型　20, 25, 26

個人／チーム開発型　20, 25, 26

個人パフォーマンス重視型　20, 25, 26

コルトハーヘン（Korthagen, F. A. J.）　5, 10, 16, 61, 65, 72, 76, 77, 78, 79, 80, 82, 84, 86, 163, 171

コルブ（Kolb, D. A.）　4, 5, 10, 16, 61, 65, 68, 70, 71, 72, 73, 76, 78, 79, 80, 82, 85, 86, 87, 163, 178

混合研究法　7, 131, 139

さ行

シー（She, Z.）　21, 43, 44

軸足コード化　97, 109

自己効力感　43, 47, 54, 58, 59, 62

仕事のアサインメント　11, 92, 93, 110, 111, 112, 117, 120, 127, 128, 129, 140, 151, 165

仕事の満足度　47, 48

実体論　41, 62

シャウフェリ（Schaufeli, W. B.）　133, 136, 142, 143, 148, 156

習慣的行動　69

収斂デザイン　7

主体的キャリア行動（PCB）　50, 55, 63

ショーン（Schön, D. A.）　5, 10, 67, 68, 69, 82, 87

職場ウェルビーイング　49, 57, 60

職場での充実　60

ジョブ・エンゲージメント　49, 57, 58

ジョブ・クラフティング　49, 57, 59, 63

シングルループ学習　69, 89

進捗確認　80

人的資源管理　2, 12, 181

人的資本経営　51, 63

信頼性　7, 8, 63, 110, 131, 132, 141, 147, 155, 181

心理的安全性　22, 40, 59, 171, 172, 174, 176, 177

心理的エンパワーメント　11, 55, 56, 58, 59, 93, 131, 132, 133, 137, 138, 139, 141, 142, 144, 148, 149, 150, 151, 155, 156, 158, 159, 164, 165, 166, 167, 168, 169, 171, 172

心理的有効性　50, 56, 59, 63

ストラウス（Strauss, A.）　9, 96, 97, 108

ストレッチ（挑戦的仕事）　32, 80, 111, 112, 120, 121, 122, 123, 128, 129, 132, 133, 140, 151, 159, 165, 168, 172

スプレイツアー（Spreitzer, G. M.）　56, 133, 137, 142, 144, 148, 156

スミス（Smith, D.）　65

成果目標志向性　62

成長支援の準備　11, 92, 110, 112, 113, 117, 119, 121, 127, 128, 129, 140, 151, 163, 165

精神支援　80

積極的実験　4, 5, 14, 70, 71, 79, 83, 85, 86, 87, 132, 133

説明的順次デザイン　7

先行要因　9, 12, 16, 20, 21, 23, 42, 53, 56, 61

漸進論　20, 41

選択コード化　97, 109

相互作用の原理　65, 66

組織コミットメント　48, 57

組織市民行動　28, 50, 53

組織市民行動－個人（OCBI）　50, 55

組織市民行動－組織（OCBO）　50, 55

組織的支援（POS）21, 43, 44, 58, 59, 62

た行

ダーリング（Dahling, J. J.）　4, 13, 16, 20, 22, 25, 27, 28, 46, 54, 61, 154, 163

ダイバーシティ　11, 180

妥当性　7, 32, 68, 75, 86, 110, 131, 132, 140, 141, 145, 155, 165, 181, 182

ダブルループ学習　69, 89

探索的順次デザイン　8, 131

チーム・アプローチ　23, 34, 35, 36, 134

チーム・コーチング　23, 24

チーム・リフレクション　22, 57, 88, 138

抽象的概念化　4, 5, 14, 70, 71, 79, 83, 84, 85, 86, 87, 132, 133

調整要因　9, 12, 16, 21, 22, 23, 60, 61

つながり（成長支援ネットワーク）　132, 133, 172

ティーチング　17, 27, 122, 148

ディベロップメント・コーチング　61

デューイ（Dewey, J.）　10, 65, 66, 67, 68, 70, 72, 82, 87

な行

内省支援　5, 38, 39, 80, 134, 135, 136, 138

内省的観察　4, 14, 70, 71, 79, 86, 87, 88, 132, 133

内省的実践　67, 68, 69

中原淳　viii, 2, 3, 5, 13, 24, 79, 80, 81, 97, 163, 173, 177

認知的アンラーニング　85, 89

は行

ハーゲン（Hagen, M. S.）　13, 22, 29, 38, 52, 134

媒介要因　9, 12, 16, 21, 22, 23, 53, 54, 57, 58, 59

パク（Park, S.）　23, 27, 28, 34, 35, 36, 48, 51

パスゴール理論　4

バット（Batt, R.）　45, 60, 154

ハットン（Hatton, N.）　65, 138

ハント（Hunt, J. M.）　3, 28, 42

ピア・コーチング　23, 24

ビーティ（Beattie, R. S.）　13, 19, 20, 23, 24, 31, 38, 44, 169, 170

ヒエラルキー・コーチング　23, 24

ビジネス・コーチング　19

人を大切にする　23, 34, 35, 36, 134

ファシリテーション関連の行動　29

ファシリテーション・コーチング　24, 25, 37, 38,

39

フィンリー（Finlay, L.） 73, 75

プロアクティブ行動 11, 93, 131, 132, 133, 135, 136,
139, 141, 142, 143, 148, 149, 150, 151, 155, 156, 158,
159, 164, 165, 166, 167, 168, 169, 171, 172

ヘスリン（Heslin, P. A.） 20, 23, 25, 27, 28, 30,
31, 38, 39, 40, 59, 134, 135, 170, 176

変革型リーダーシップ 48, 57, 62, 137

変容的学習 69, 70

ポウサ（Pousa, C.） 44, 46, 54, 60, 154

ポジティブ・フィードバックの提供 80

ボストローム（Bostrom, R. P.） 26, 27, 29, 41,
56, 176

ま行

マクリーン（McLean, G. N.） 23, 33, 34, 35, 134

松尾睦 4, 5, 8, 18, 21, 22, 23, 28, 29, 31, 38, 40, 49,
51, 52, 56, 57, 80, 81, 82, 83, 86, 107, 132, 133, 134,
138, 139, 171, 172, 173

マテュー（Mathieu, J. E.） 21, 44, 46, 54, 58

ミエッティネン（Miettinen, R.） 72, 87

メジロー（Mezirow, J.） 5, 10, 63, 70, 82, 84

メンタリング 9, 17, 18, 19, 57, 59, 64

目標設定理論 4

目標のストレッチ 80

や行

役割内行動（IRB） 50, 55, 63

役割の明確 22, 43, 48, 51, 54

予想できる経験と予想外の経験 83, 84

ら行

ライフ・コーチング 19

リウ（Liu, X.） 45, 49, 57, 60, 154

理解 68, 69

リフレクション（内省） 132, 133, 150, 151, 158,
159, 160, 168, 172

リフレクション支援 7, 11, 29, 30, 32, 33, 34, 35,
36, 37, 38, 61, 79, 80, 81, 82, 92, 93, 95, 110, 112,
123, 127, 128, 129, 131, 140, 147, 149, 150, 151, 152,
156, 157, 158, 159, 160, 163, 164, 165, 166, 167, 168,
170, 171, 172, 173, 174, 177, 178

リフレクティブサイクル・モデル 10, 72, 73, 76,
78, 79

リメディアル・コーチング 25

理論的飽和 96, 108

レイノルズ（Reynolds, M.） 5, 68, 72, 79, 80

連続性の原理 66

ローレンス（Lawrence, P.） 16, 20, 25, 41, 61

わ行

ワーク・エンゲージメント 11, 48, 49, 51, 57, 59,
93, 131, 132, 133, 136, 137, 138, 139, 141, 142, 143,
148, 149, 150, 151, 155, 156, 158, 159, 164, 165, 166,
167, 168, 169, 171, 172

ワイントラウブ（Weintraub, J. R.） 3, 28, 42

1on1 ミーティング 3, 9, 12, 13, 21, 23, 28, 163, 174

「70:20:10」のフレームワーク 13

After-Event Review 88

ALACT モデル 10, 61, 72, 76, 78, 79, 80, 87, 171

LMX 理論 4, 62

OJT: On-the-Job Training 2, 3, 95, 99, 100, 126, 142,
173

永田正樹（ながた・まさき）

ビジネス・ブレークスルー大学大学院助教／立教大学大学院経営学研究科リーダーシップ開発コース兼任講師／ダイヤモンド社 HR ソリューション事業室顧問。1962 年生まれ。1990 年ダイヤモンド社入社。2005 年同社人材開発事業部部長。2015 年ダイヤモンド・ヒューマンリソース取締役兼任。2021 年北海道大学大学院経済学院現代経済経営専攻・博士課程修了。2022 年より現職。博士（経営学）。専門は人的資源管理。日本労務学会賞（研究奨励賞）受賞。主な論文に「部下育成のためのリフレクション支援：成功事例・失敗事例の質的分析」（『人材育成研究』第 16 巻 1 号）、「リフレクションを中心とした経験学習支援：マネジャーによる部下育成行動の質的分析」（『日本労務学会誌』第 22 巻 1 号）ほか。

管理職コーチング論
上司と部下の幸せな関係づくりのために

2024 年 12 月 20 日　初　版

［検印廃止］

著　者　永田正樹

発行所　一般財団法人　東京大学出版会

　　　　代表者　吉見俊哉

　　　　153-0041 東京都目黒区駒場4-5-29
　　　　https://www.utp.or.jp/
　　　　電話 03-6407-1069　Fax 03-6407-1991
　　　　振替 00160-6-59964

装　幀　山之口正和（OKIKATA）
組　版　有限会社プログレス
印刷所　株式会社ヒライ
製本所　牧製本印刷株式会社

©2024 NAGATA Masaki
ISBN 978-4-13-040320-7　Printed in Japan

JCOPY 〈出版者著作権管理機構　委託出版物〉
本書の無断複写は著作権法上での例外を除き禁じられています．複写される場合は，そのつど事前に，出版者著作権管理機構（電話 03-5244-5088，FAX 03-5244-5089, e-mail: info@jcopy.or.jp）の許諾を得てください．

経営学習論　増補新装版——人材育成を科学する　　　中原 淳

これまでの経営学習論の研究成果を紹介・総括し，さらには独自の実証的な調査データを駆使して，組織経営における有効な人材能力形成施策を展望する定番書が，書き下ろしの新章「リーダーシップ開発」を加えて装いも新たにリニューアル刊行．
A5 判上製 320 頁／本体 3,000 円＋税

職場学習論　新装版——仕事の学びを科学する　　　中原 淳

働く環境は変化すれども，他者と「つながり」，「コミュニケーション」をとり，「支援」を受けて学ぶことの根幹は変わらない．これまで見過ごされ，印象論でしか語られてこなかった職場の学習プロセスに寄与する要因を解明する著者デビュー作新装版刊行．
A5 判並製 208 頁／本体 2,800 円＋税

中小企業の人材開発　　　中原 淳／保田江美

日本の企業数の 99.7%，従業員数の 68.8% が中小企業である．しかしそうでありながら中小企業の人材開発メカニズムはブラックボックスであり杳として知れない．その実態に定量・定性データから包括的に迫る．人材開発研究のミッシングピースを探しに．
A5 判上製 208 頁／本体 3,400 円＋税

経営人材育成論——新規事業創出からミドルマネジャーはいかに学ぶか　　　田中 聡

経営人材の育成は最重要経営課題である．ミドルマネジャーが新規事業創出経験によってそれまでの思考様式・行動様式を学習棄却し，新たなパースペクティヴ「他者本位志向」「リーダーマインド」「経営者視点」を獲得しながら経営人材へと育つ実態を実証研究から明らかにする．
A5 判上製 232 頁／本体 3,600 円＋税

活躍する組織人の探究——大学から企業へのトランジション　　　中原 淳／溝上慎一 編

グローバル化・情報化などの進展の下，大学から企業へ円滑に移行できる人材，素早く効率的に組織適応できる人材，組織革新を担える人材がいま求められている．それらに応える人材を採用・選抜するために，現在企業で活躍するビジネスパーソンがどのような意識・行動で大学生活を過ごしていたのかを質問紙調査から明らかにする．
A5 判上製 228 頁／本体 3,600 円＋税

ここに表示された価格は本体価格です．ご購入の
際には消費税が加算されますのでご了承下さい．